加强和创新互联网社会管理丛书
INTERNET......

中国传媒大学网络舆情（口碑）研究所/艾利艾咨询（IRI）

李未柠　窦含章·主编

微时代危处理

Wei Shidai Wei Chuli

中共中央党校出版社
The Central Party School Publishing House

图书在版编目（CIP）数据

微时代 危处理/李未柠，窦含章主编．—北京：中共中央党校出版社，2011.12（**2013.10** 重印）
（加强和创新互联网社会管理丛书）
ISBN 978-7-5035-4678-5

Ⅰ．微… Ⅱ．①李… ②窦… Ⅲ．计算机网络–大众传播–管理学–研究–中国 Ⅳ．G219.2

中国版本图书馆 CIP 数据核字（2011）第 266624 号

微时代 危处理

责任编辑 朱晋平 井琪
版式设计 尉红民
责任校对 王 巍
责任印制 宋二顺

出版发行 中共中央党校出版社
（北京市海淀区大有庄 100 号）
邮 编 100091
网 址 www.dxcbs.net
电 话 （010）62805800（办公室） （010）62805818（发行部）
经 销 新华书店
印 刷 三河市南阳印刷有限公司
字 数 173 千字
版 次 2011 年 12 月第 1 版 **2013 年 10 月第 3 次印刷**
开 本 700 毫米×1000 毫米 1/16
印 张 **11.5**
定 价 20.00 元

顾　问：丁俊杰　陈　彤　张树庭　李金福

主　编：李未柠　窦含章

编　辑：刘　蕾　任明远　阎　婕　李建伟
张彩娥　余秋莺　刘洪亮　陈宝仁

版权与免责声明

序　言

中共中央党校副校长 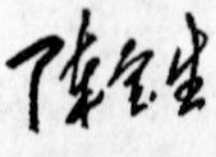

加强和创新社会管理是我们面临的重大时代课题。当前我国正处于发展的重要战略机遇期和社会矛盾凸显期，一方面经济、社会、文化等各领域不断取得新成就，另一方面各种新旧矛盾集中爆发，社会管理领域存在的问题不少。在这一时代背景下，党和政府能否加强和创新社会管理，事关人民群众切身利益、事关社会和谐稳定。

在纷繁复杂的社会管理课题中，加强和创新互联网社会管理是一项重要内容。目前，中国已经成为世界互联网第一大国，网民总数超过4.85亿。互联网在中国迅速普及，吸收整合了传统的传媒、通信、金融、商务、娱乐等各种社会功能，为网民提供了巨大的便利，极大地提升了中国社会的运行效率，但同时，也提高了中国社会的管理难度。特别是微博出现后，中国互联网获得了言论与力量的“聚合加速器”，网络力量对现实社会的冲击力正日益凸显。

微博，名“微”，力不微。这种新型网络媒体，从诞生到风靡全球，只用了短短几年时间。在中国，微博用户数在2010年底到2011年6月的半年时间内，由6311万增长到1.95亿，增长了208%，而微博用户每日发布的信息量已近2亿条，成为中国互联网上更新最活跃的信息源和舆论场。

在某种程度上，微博已经成为一颗颗“舆论原子弹”的生产车间。在互联网的信息海洋中，每条上限为140个字的微博如原子般微小，但这种碎片化的信息，契合了现代人快节奏的生活方式，顺应了以手机为主要平台的移动互联大趋势，受到那些阅读时间碎片化、又经常使用手机的年轻人追捧。随着用户数的不断增加，微博一键式“转发＋评论”的功能开始渐显威力，一条短小的微博，可以通过关注者的不断转发，实现核裂变式的传播，而不断增加的评论，又会使信息的能量不断聚合增强，最终像原子弹爆炸一样，由“微信息”迅速生成“大舆论”。在过去一段时间，一系列重大公共舆论事件都是在微博首先得到报道，并继而形成轰动全国、猛烈冲击现实社会的特级舆情事件，微博舆论的威力由此可见一斑。

作为中国引领性的舆论场，微博能否健康发展，事关社会和谐稳定，可强大的微博还处于成长过程中。中国微博在许多时候仍是情绪型舆论场，客观理性的声音很容易被情绪化的言论所淹没。要引导微博走向成熟、健康发展，党政部门责无旁贷，应该主动学习微博、运用微博、管理微博，只有这样才能健全网上舆论引导机制、激发社会活力、维护社会和谐稳定。

与加强和创新社会管理的迫切需求相比，许多党政干部对微博的认识和了解非常有限。一些干部尚未搞清楚互联网传播为何物，对微博就更加陌生。即使有的人通过近期接连发生的舆论热点事件知道了微博的存在，但对微博的态度仍是恐惧多于期待，回避多于直面。能够真正学习微博、运用微博的党政部门还为数不多，只有公安系统，有组织、有规划地实现了在微博的“整体上市”。

有些党政部门对开微博瞻前顾后，缺乏积极主动的进取精神，很大程度上，是担心开微博后，会遭到网民的攻击，引发负面舆论。其实，微博本身并无立场，它是一个开放、中性的交流平台，对所有参与者都是公平的。微博舆论的方向，是由众多参与者共同塑造的，并不具有天然的价值倾向。

要影响微博舆论的方向，最根本、最重要的方法就是参与其中。如果不在这个平台上发声，不参与舆论方向的塑造，那么舆论就不可能向所希望的方向发展。现在微博上似乎负面的声音大一些，不和谐的因素多一些。造成这一局面的原因是多方面的，但其中很重要的一个原因是党政部门在微博上发声不够，使微博上权威准确的信息占比偏低。

一味害怕，一味回避，解决不了问题。在许多时候，怕挨骂、不敢面对群众正是引发群众骂声的重要原因之一。若论面临矛盾的多样性、复杂性、尖锐性，恐怕没有哪个部门比公安部门面临更多的矛盾。但公安系统敢于利用新媒体，主动系统地大规模开微博。结果，公安系统的形象不是变差了、骂声不是变多了，而是形象更好了，称赞更多了。那些没有开微博的党政部门，应该多一点自信，主动走上微博，走到网民中去。

《加强和创新互联网社会管理丛书》正是为满足党政部门加强和创新社会管理的需要而编写。丛书第一期将包括:《政府如何开微博》、《微时代 危处理》、《微博与社会稳定》、《微博达人:TA 们为什么那样红》。丛书将研究的重点集中于微博,既介绍微博使用基础知识,也会深入探讨微博与社会稳定、微博时代危机处理、微博时代话语权变化等深层次问题,希望通过这套丛书,为党政干部了解微博、运用微博、管理微博提供参考。

党政部门加强对微博的学习与利用将产生至少四方面的好处:

一是能够及时准确发布权威信息,保障人民群众知情权,遏制流言传播。与新闻发布会、电视、报纸等传统政务信息发布渠道相比,通过微博发布政务信息的一大优势是速度快。党政部门可根据需要,实时在微博更新信息,摆脱对传统媒体的依赖,提高信息发布的时效性。在微博时代,能否在第一时间传递权威准确信息是引导舆论的关键。特别是在重大突发事件发生时,通过微博在第一时间不断更新发布信息,在遏制各种流言传播、掌握舆论主导权方面,能够发挥其他传统媒体难以替代的作用。

二是提供便民服务,更快地受理民众咨询投诉,体现执政为民理念。微博与各种传统政务咨询、信访渠道相比,互动性更强。政务微博可以实时回答网民的提问,可以了解各种信访需求,通过督促相关部门尽快受理解决问题缓解社会矛盾,促进社会和谐。同时,通过关注、搜索等功能,能够实时掌握与本部门、本地区相关的舆情动态,为上级决策提供第一手的网上舆情依据。

三是降低行政成本,提升行政效率。政务微博本身是一种低成本信息发布平台,微博本身基本不需要技术维护和软硬件投入,相比之前的政府网站,投入要小得多。同时,各党政部门之间在微博上可以形成群组,有利于整合电子政务资源,提升通联效率。

四是营造健康微博舆论环境,维护社会稳定。微博具有强大的社会动员功能,2011 年 8 月,英国发生了严重的社会骚乱。大量青年人冲上街头,打砸抢烧,将伦敦、伯明翰、利物浦街头搞得乌烟瘴气、一片狼藉。令西方世界感到震惊的是,这次骚乱竟然是通过 Twitter、Facebook 和黑莓手机组织起来的!就在几个月前,当中东北非掀起革命浪潮时,西方还在对 Twitter 这些发挥了重要组织串连作用的社会化媒体毫不吝啬地大加赞美,如今,几个月刚过,社会化媒体这把大火,就烧到了西方自己的头上。显然，微博这些社会化媒体在推动社会动乱方面，作用不可忽视。党政部门与网民实时沟通，能够将矛盾化解在萌芽状态，最大限度激发社会活力、最大限度增加和谐因素、最大限度减少不和谐因素。

加强和创新社会管理的灵魂在于创新。随着时代的发展，社会问题日趋复杂多样，沿用旧有的社会管理办法显然已经无法适应新形势的发展。特别是对微博这样的新技术媒体平台，全世界尚无成功的管理经验可循，各级党政部门只有锐意进取，将微博管理作为加强和创新社会管理的重要抓手和突破口，通过管理创新，营造健康、绿色的网络氛围，为全面建设小康社会创造良好的网上舆论环境。

目 录

前　言

2011年10月9日，某舆情事件新闻发布会进行了短短5分钟，发言人念完稿子就要走，甚至连发言人姓名都未透露，被愤怒的记者团团围住。一位女记者终于“发飙”：“你（发言人）自己这样就成了新闻，那谁，拍他照片，发微博!”

“发微博!”简短有力的三个字背后，蕴含了“微时代”跃跃欲试的公众话语新力量，折射出当前党政部门舆论危机应对的新“战场”。

微博：让蚂蚁撬动现实

在微博上，140字的力量能积羽沉舟，1秒钟转发能在短时间内将线上舆论转变为线下动员，而开放平台、随时随地分享让个体声音获得了无限放大的可能。经由微博杠杆，蚂蚁的力量也能撬动现实。这已不再是危言耸听。

在国外，借由推特（Twitter）和智能手机等先进通讯工具，2011年初的突尼斯革命、埃及革命和8月的英国骚乱，在当地乃至世界范围都产生了广泛而深远的影响。一系列事件表明，微博在快速传播信息、动员社会力量上，具有先天的操作优势和运作能力。这种能力一方面有利于民众凝聚力量，彰显自身权益，另一方面给政府和社会治理带来了更为严峻的考验。

而在国内，微博则在舆论监督、公共反腐方面，发挥着积极的“撬动”作用。“‘郭美美事件’引发‘反贪腐’公民行动”①，德国电台网站“德国之声”在2011年6月如是观察、评价中国微博上正如火如荼上演的“郭美美事件”。20岁女孩的一条炫富微博经数以万计的网民挖掘、媒体合力，使中国知名慈善机构陷入前所未有的舆论危机，并发酵成一场更大范围的公众对社会公共机构贪腐行为的集体质疑。此为微博版的“蝴蝶效应”。

根据中国传媒大学网络舆情（口碑）研究所/艾利艾咨询（IRI）统计，

---

① 《“郭美美事件”引发“反贪腐”公民行动》，http：//ed-china. stnn. cc/China/201106/t20110627 _ 1602127. html

2011年前三季度，微博在重大热点事件中已展现出较强的首报能力，一跃成为仅次于媒体新闻的第二大舆情源头。微博曝光、质疑——网民围观、媒体互动——深度挖掘、爆料频出——当事主体回应、解决，已成为重大舆论危机事件的基本发展模式。由微博积聚而来的“微动力”带来了一次又一次“微革命”，用渐进而有力的方式在公共事件中发声、提问，政府和党政干部重视微博舆论势在必行。

危机：是危情，也是机遇

辩证地看，危机从来都具有双重性，在危险的表象下，往往也暗藏形势反转的机遇。

与草根网民和意见领袖在微博上的蓬勃力量相比，一个不可否认的事实是，当前我国不少党政部门和领导干部对于微博仍然认识不足，在微博的舆论危机应对能力方面略显滞后，致使危情迭起。

“从不看微博，不重视微博。”一些党政部门和领导干部抱有这种心态，坚信微博的影响力只存在于虚拟世界中，与现实绝缘，因此当遇到与自身有关的热点事件时，就习惯性视若无物，掩耳盗铃，或实行拖延战术，回应迟缓，一味回避问题，最后导致民意沸腾，危机重重。此为微博舆论危机之“被动深陷”。

“微博很凶猛，开博需谨慎。”某公安局在微博中将稳控上访者当成维稳政绩来宣传，引起公众反感；江苏溧阳卫生局长错把微博当QQ，微博开房，丢官丢人；四川成都党办主任在上岗时间与女网友在微博上公然调情，曝光当天即被免职……党政部门和干部个人由于不懂微博，乱发微博，遭人围观，引火烧身。此为微博舆论危机之“自陷危机”。

不管是被动深陷舆论危机，还是自曝话题引人围观，都是党政部门和领导干部在微博时代亟待改变的现状，更是在未来的舆论危机应战中所要极力避免的初级错误。

不仅如此，作为网络文化建设的重要组成部分，作为影响力节节攀升的新舆论场，微博不应成为党政部门的被动之地、失陷之所、危险之境，而应成为其网络问政乃至网络行政的新途径、新阵地。这就要求党政部门和领导干部正确认识微博、参与微博、利用微博，深刻理解微时代的舆论特点和传播规律，在态度上变被动为主动，让微博成为有效沟通民意、轻松化解危机的友好平台。让危情变身机遇，才是真正的行走微博，游刃有余。

应对：从转变观念开始

始于2003年非典事件的中国新闻发言人制度，曾被视为党政部门应对舆论危机的前进之举和有效手段，但是自2010年中国“微博元年”起，诸起舆论危机事件表明，单一的新闻发言人制度已不足以应对以微博为代表的瞬息变幻的网络舆论现状。一条微博经传播，在1小时甚至几分钟内就可能引发社会广泛关注，传统的“黄金4小时”法则也已显示出其缺陷。因此，如何应对微时代的舆论危机，是党政部门和领导干部必须思考的新问题。

在本书中，编撰者在第一章介绍了微博时代突发事件的具体特性和信息传播规律，帮助读者理解相较于传统媒体和其他网络媒体，微博在事件挖掘、舆论升温发酵方面的独特作用和影响力；第二章精心挑选2011年与微博均有关的十大类型的突发公共事件经典案例，通过进程实录、回应对比、舆情研判和舆情点评四部分，结合严密翔实的数据分析，揭示事件的舆情发展态势，详尽阐释各事件主体在危机应对中的得与失、罪与罚，希望其他党政部门和领导干部吸取其中的经验与教训；第三章则从理念原则、机制制度、方法技巧三个层面，提出微博时代政府舆论危机的具体应对策略，具有方法论上的借鉴意义。

在危机应对的三个层面中，观念决定措施，理念决定行动，制度是保障，方法是技巧。因此，党政部门面对网络舆论危机，首要还是在于转变观念，对于微博等虚拟社会既不心生惧意，也不傲然漠视，敢于直面危机、正视危机，重视网络舆论危机应对工作。只有心存正确观念，制度建设和方法技巧才能如虎添翼，共同提升政府应对网络舆论危机的水平。

值得欣慰的是，愈来愈多的党政部门和干部已认识到微博的重要性，以及运用微博加强和创新虚拟社会管理的可行性。2011年10月13日，国家互联网信息办公室召开积极运用微博客服务社会经验交流会。会议强调，要推动党政机关和领导干部积极运用微博客，拓展联系群众、服务群众的渠道和手段，及时发布权威信息，积极回应社会关切，不断改进政府工作。① 而截至2011年7月底，通过新浪微博认证的各级政府机构及干部微博就已近

① 《王晨：推动党政机关和领导干部积极运用微博》，http：//news.sina.com.cn/c/2011－10－13/202823299486.shtml

万家①。如此庞大的政府群体进驻微博，既反映了政府运用微博的决心，也表明了各级政府直面网络舆论、应对舆论危机的魄力。

我们希望这本《微时代　危处理》能够对政府网络舆论危机应对助上一臂之力。化解危机冲突，创造沟通机遇，最终有益于虚拟社会和现实社会的稳定、健康、繁荣发展。

微时代，危处理。你，准备好了吗?

① 据新浪数据显示，截至2011年7月，新浪微博中的政府机构微博超过5500家，干部个人微博近4000个。

第一章

微时代 危特征

2010年是微博元年。在各级政府部门尚在积极学习和掌握互联网时代突发事件如何快速有效应对之时，微博又以互联网时代任何传播媒介都无法比肩的速度席卷而来，在突发事件中所彰显的传播速度之快、聚合之广、裂变之大，让党政部门在应对之时措手不及。那么，微博时代的突发事件特征又有哪些？

一、微博传播速度快聚合广

微博成为了微博时代重大突发事件的最大的舆论场。随着微博的兴起，国内重大突发事件的曝光及传播发生了几个明显的变化：一是微博越来越多的发挥着比任何媒体都高效的舆情源头的作用，且已成为中国的第二大舆情源头（详见附录部分）。譬如7·23甬温线特别重大铁路交通事故、郭美美事件、故宫失窃门事件等，都是网民首先在微博中进行曝光；二是由于微博几何数量级的传播扩散速度，致使突发事件可在短短的几个小时内迅速被全国网民关注及热议。而不是像微博出现之前，突发事件通常是在第二天经过各大媒体和网民关注、热议之后达到舆情关注最高峰；三是微博上可在短短的几天时间聚合高达数亿条对同一事件的热议信息。最为典型的莫过于“7·23甬温线特别重大铁路交通事故”，在短短的一周时间内，新浪微博和腾讯微博对于此事的相关讨论竟各自达到了3亿多条，共计近7亿条信息。这是之前任何突发事件都无法企及的。

二、微博谣言滋生混淆真相

互联网时代海量信息的特征决定了互联网上大量虚假信息存在的可能，而碎片化的140字微博以及它在传播过程中的核裂变式的速度，让网络谣言又有了绝佳的传播的空间和载体。真相裹挟着谣言，谣言变成了真相。譬如“7·23甬温线特别重大铁路交通事故”中，从事故最初发生时的“掩埋车头车厢以便毁灭真相”，到“35人死亡上限说”，再到救援阶段的“被拆解车体内仍有活人”，再到“吊下车厢有遗体掉出”，再到善后赔偿阶段的“遇难者遗体被集体火化”，再到“先签协议有奖励”……各类谣言贯穿事故发展全过程；此外，郭美美事件中网民最初认定郭美美是中国红十字会郭副会长的女儿，郭副会长佩戴的是百达翡丽的天价表等；在抢盐事件中，网络上更是谣言夹杂着恐慌，致使民众从最初的抢碘片、再到抢碘盐最后再到抢盐；药家鑫事件中药家鑫被传言是“官二代”、“富二代”、“军二代”；广东增城群体性事件中也出现“当事人孕妇被打死”等谣言。这些谣言的扩散传播使政府突发事件处置中的难度增大了。

三、微博情绪宣泄放大不满

在微博兴起后的近两年内发生的重大突发事件中，微博越来越成为网民情绪宣泄的渠道，这主要是由于微博强大的聚合性、开放性、跟随性等特点造成的。微博中不满情绪快速聚合和放大，一方面虽然可以令网民将线下的种种不满、愤懑在微博中发泄、释放，发挥了社会情绪解压阀的作用；但是另一方面，情绪宣泄恶化了网络舆论心态，致使微博舆论场充满了情绪性判断与主观臆断，加大了舆论引导的难度。

微博上情绪发泄的不仅有草根网民，还有名人。2010 年 10 月，某影视明星连发多条微博，脏话连篇大骂河南人；2010 年 11 月底，某社会名人在微博发表“网络公厕论”引发争议后，在微博中舌战网友；2011 年 7 月，某影视明星与房地产大鳄任志强，因住房质量问题在微博中隔空传话，展开微博拉锯战，不分上下，火药味十足。

每次突发事件发生后，微博上的当事人几乎都会招致大量网民非理性围观及谩骂攻击。譬如郭美美事件中，当网民初步怀疑郭美美是中国红十字会郭副会长女儿的时候，杨澜在微博澄清说郭副会长只有儿子没有女儿后便招致网民无数谩骂和抨击，甚至因当时有重名重姓的媒体人吴征去世，也被网民宣泄为是杨澜的丈夫吴征去世。再譬如药家鑫事件，正是由于微博中有网民初步认定药家鑫是“富二代”、“官二代”、“军二代”，再加上死者张妙的亲戚在微博中又感叹了药家鑫家的房产众多，宣泄情绪，极大地助长并煽动了网民的不满情绪，致使微博上最终充斥着网民未审先判的“不杀不足以平民愤”的言论，给药家鑫案最终的量刑产生了巨大的舆论压力。

四、微博恶搞增添娱乐色彩

细数2011年发生的重大突发事件，不难看到的是，在网络舆论中永远充斥着两条发展主线。一条主线是在相关部门不道歉、推卸责任的态度下，网民不断地去质疑并挖掘更多事实；另一条线就是网民不断地以当事人或单位为话题进行恶搞，制作出数量众多的视频、歌曲、段子等，并广为传播。

譬如在微博开房局长事件中，网民根据男女当事人在微博上的对话恶搞制作了《微博俩宝》的MV和《微博开房局长之歌》；在郭美美事件中，网民又根据谷歌收购摩托罗拉事件恶搞制作了一个新商标（GMMGLE），并解读为“郭美美挂了，还有她妈”；在故宫“十重门”事件中，网民又给故宫创造了很多段子，譬如“小时候，故宫是一枚小小的邮票，我在外头，庄严在里头……长大后，故宫是一个不上门的保险柜，我在外头，文物在里头；再后来，故宫是一个错别字，我撼这头，你捍那头……”；在四川会理县悬浮照事件中，网民将三位领导的照片合成到全球各地；在抢盐事件中，网民更是恶搞了很多的段子，说“人生最最最最遗憾的事情知道是什么吗？就是人躺死了，盐还没有吃完”等等。

五、微博人肉为质疑增线索

纵观今年发生的重大突发事件，不难看出网民在事件进展过程中，尤其是在面对当事人或当事部门不诚恳、不道歉甚至是推卸责任的态度时，会展开持续不断的人肉搜索，围绕主角的身份、背景，为弱势者鸣不平，向权势者叫板，甚至升级至质疑管理部门整体，同时挖掘更多的事实与线索，去质疑更多的工作。此后，各种揣测及谣言开始扩散，使得诸多事件一波三折，让相关政府单位或个人陷入更大的舆论被动。在人肉搜索过程中，以天涯社区为主的论坛是人肉搜索的主要平台，以新浪微博为主的微博则是信息聚合和扩散的主要平台。

譬如“7·23甬温线特别重大铁路交通事故”中，网民对事发过程中新上任的上海铁路局领导进行了人肉，对其履历和背景展开质疑；在铁道部新闻发言人发表了“至于你信不信，我反正信了”、“这是生命的奇迹”等言论后，对其家庭成员及现状展开了人肉搜索，同时，网民还对铁道部相关领导在各种不同场合下佩戴的名表进行了人肉搜索。另外，郭美美事件更是网民人肉搜索的集大成者。在该事件中网民人肉搜索热情之高、线索之多，可谓空前。其中网民对中国红十字会郭副会长家庭情况以及不同场合佩戴的手表进行了人肉搜索；另外，网民通过电子邮箱等线索，人肉到了中红博爱公司等。致使郭美美从最初的美女、炫富、豪车、名包、二奶，逐渐又与高管、贪污、富二代、慈善等牵扯起来。事件发展复杂程度，堪称史无前例，网民人肉搜索意愿之强烈，程度之深，时间之久，令人感叹。

六、微博话语权更去中心化

互联网的兴起和发展，给党政机构带来的最大变化之一，就是话语权的去中心化。尤其是在微博时代，随着新浪微博及腾讯微博各自2亿多用户的存在和众多微博名人的兴起，相关政府部门话语权的去中心化程度更为明显。微博时代，虽然“粉丝”数量并不能真正代表一个人物的影响力，也并不是唯一的评价指标，但单从其受众数量上来看，通常“粉丝”数量如在1000万以上，在互联网时代该微博名人的影响力就相当于是一个国家电视台；如果“粉丝”数量在100万以上，其影响力则相当于一个全国类知名报刊媒体；如果“粉丝”数量在10万以上，其影响力便相当于一个省级知名报刊媒体。目前，“粉丝”数量超过10万以上的微博人物不计其数。

微博时代去中心化的话语权还存在三大新型特征。一是不加V且“粉丝”数量有限的草根账号也有可能出现被转发上万甚至十万的微博，譬如在“7·23甬温线特别重大铁路交通事故”中；二是目前高度关注并热议社会热点的微博网民，也从20岁左右的草根逐渐转向了社会的中产阶级；三是相关党政机构在微博时代尚未到来之前建立的舆论引导策略、机制及话语权被微博时代的舆论新规律所弱化。这就要求我们的舆论引导工作需要围绕微博时代的新形势尤其是根据微博的表达特性、传播规律等全面展开。

第二章

微时代 危事件

7·23甬温线特别重大铁路交通事故

图片来源：新华社①

2011年7月23日晚20时34分，甬温线特别重大铁路交通事故发生。北京南至福州的D301次列车与杭州至福州南的D3115次列车发生追尾事故，事故造成40人死亡②、200余人受伤，牵动了无数网民的心。从通车还是救人，从车骸处置到救治小伊伊，从事故原因的疑团到问责官员的上任，从新闻发布会召开到事故赔偿等等，铁路部门的诸多应对举措饱受网民及各界质疑，网络舆论数度鼎沸，成为迄今为止史上舆论强度最大的网络舆情突发事件。

① 新华网，http://news.xinhuanet.com/photo/2011－07/24/c_121711712.htm

② 截至23日晚，遇难人数为35人；截至25日中午，遇难人数上升至38人；截至25日晚间，事故造成39人死亡；28日晚间，一名福建籍伤者经抢救无效死亡，事故死亡人数增至40人。

一、进程实录

2011 年 7 月 23 日晚：微博舆论渐起，官方“雷击说”初引热议

2011 年 7 月 23 日晚 20 时 34 分，杭深线永嘉至温州南间，北京南至福州的 D301 次列车与杭州至福州南的 D3115 次列车发生追尾脱轨坠落事故，D301 次列车第 1 至 4 位脱线，D3115 次列车第 15、16 位脱线，事故现场一片狼藉。

事故发生 4 分钟后，新浪微博网友@袁小芫发布第一条微博，内容是“D301 在温州出事了，突然紧急停车了，有很强烈的撞击。还撞了两次！全部停电了!!! 我在最后一节车厢。保佑没事!! 现在太恐怖了!!”。这条发布于 20：38 的微博，是事故后乘客发出的首条微博，比国内媒体在互联网上第一篇关于“列车脱轨”的报道早了两个多小时。

在其他媒体尚未到达之前，身在事故现场的一些微博用户不断更新图片、文字信息，微博早先一步，提供大量内容全面的一手信息。

当晚，温州血库告急，网民通过微博发起献血号召，掀起微博总动员，大批温州市民连夜赶到血站献血，其中新浪微博网友@yaoyaosz 所发布的血站现场照片被转发超 10 万次。此外，多条求救信息涌现于网络，微博成为事故乘客发布寻亲信息的平台，新浪微博为此专门开辟了“微博寻亲”栏目，整合多条寻亲信息。

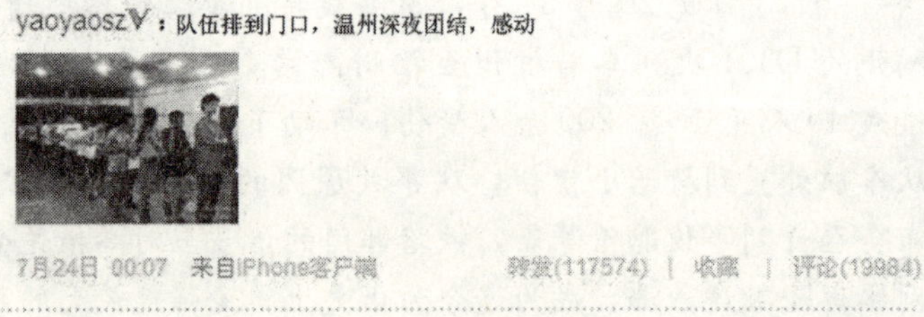

晚间 22 时许，上海铁路局派人到达现场，初步认定脱轨原因是动车遭到雷击后失去动力停车，造成追尾。以“雷击说”定论，为后来舆论对铁路部门的指责埋下伏笔。

7月 23 日事发第一天，网民追问主要集中于五大方面

追问 1：为何修改事故发生时间？

2011 年 7 月 24 日新华社通稿的事故发生时间为 20：27，比 7 月 23 日晚中新社报道的20：34提前了7分钟，而从最早提及此事的网友@Smm_苗[①]的微博来看，20：27时事故尚未发生。网民质疑铁路部门修改时间为掩盖真相自圆谎话。

追问2：雷击如何能让重重防护机制失效？

网上出现许多对动车防追尾的专业技术分析，认为天灾绝对不可能造成追尾事故，网民认为铁路部门以“雷击论”定性，为推卸责任，掩盖“人祸”事实。

追问3：幸存的D3115次动车司机为何没有公开解释？

无恙的D3115次动车司机没有公开露面解释事发经过，网民质疑铁路部门控制司机掩盖真相，并认为其将成为替罪羊。还有报道称，幸存乘客目击司机出事后喃喃自语，问题直指火车调度责任。

追问4：车次时刻表上的前车为何撞上了后车？

根据官方的列车时刻表，在台州至温州南段，D3115应该开在D301的后面，可事故却是D301追尾撞上了D3115。舆论矛头直指列车的调度。

追问5：为什么列车调度形同虚设？

即使雷击损坏信号系统，工作人员仍可通过多种技术获得行车实况，并与司机取得联系，网民质疑万无一失的列车调度为何完全失效？

2011年7月24日上午：停搜救埋车体，谣言四起引质疑升级

2011年7月24日凌晨3点半左右，铁道部部长到达现场，传达中央指示，部署搜救工作。凌晨4时左右，事故共造成34死，191人伤。事故现场经过生命探测仪显示，列车上已无生命迹象。

凌晨5时许，现场施救人员找到D301次动车的行车记录器，类似飞机上的黑匣子，对查明事故原因有重要意义。同时现场搜救工作基本结束。

清晨，10余辆挖掘机、铲土机等大型器械到达事故现场，开始对动车进行拆解、分割工作。在切割作业中，遇难者的遗体不断被找到。同时开始在车厢附近挖掘坑道，准备将车体破拆后就地掩埋。最终，D301次动车车头被埋入地下，表面被施工人员修理平整。此时，拆毁车头、掩埋车体的图片在网上疯传，并传言铁道部下令捣毁车体、挖巨坑掩埋，旨在掩盖事发真

---

① 23日晚20：27，新浪微博网友“Smm_苗”更新微博称：“狂风暴雨后的动车这是怎么了?? 爬的比蜗牛还慢……可别出啥事儿啊……”，此条微博是可追溯的，有关事故的最早的“预警”信息。

相和真实的死亡人数。

同时，截至7月24日上午，事故死亡人数已经上升至35人。与此同时，微博上流传“35人死亡上限论”，称超过36人市委书记将被撤职，所以动车事故一开始发生，就注定了死亡人数不会超过35。微博中还列举了从1993年到2011年国内重大事故中死亡的人数，“碰巧”都是35人。此说法更加深了网民对死亡人数瞒报的确认，认为官方瞒报死亡人数为降低事故级别，避免丢官免职。但随后，“35人死亡上限”证实系谣言误传。

2011年7月24日下午：小伊伊获救，救人还是通车孰重

2011年7月24日下午，在铁道部官方早已宣布车厢内已无生命迹象后，救援人员却从高架上的半节车厢中救出幸存的奇迹女孩项炜伊（小伊伊），引发了众多网民对铁路部门搜救工作处置不力的质疑，抢通车还是救人引来网民热议。

此后施救小伊伊的温州特警队长接受报道时说：“我下午接到指令说要用吊机把车厢吊起来，放到桥下来清理。我不同意，万一有生命迹象呢？怎么向人家交待？我坚持在铁轨上，也就是原地清理。”网民称赞特警队长坚拒命令、原地救援的行径，愤怒要求追查下发“吊起车厢”命令的官员。

随后，微博中流传“不同意将车厢吊到桥下清理，因而让伊伊得以获救的温州特警支队长邵曳戎在媒体报道后，目前已经被处理。”当天，温州市公安局宣传部门澄清，“处分”一说纯属谣言。

下午，铁道部即修复铁轨，将原来损坏的铁轨和轨枕换掉，并快速地处理掉遗留在轨道上的列车车体。与此同时，铁道部当天多次强调力争在当天18时前恢复通车。

2011年7月24日晚上：发布会急召开，奇迹论相信论惹不满

2011年7月24日晚22时，铁道部在温州水心饭店召开新闻发布会，铁道部新闻发言人独自出面，再次指出事故原因是由雷击造成的设备故障。在回应为何在“已无生命迹象”的情况下，却又从车厢救出两岁半女孩小伊伊时，发言人表示，“这是生命的奇迹，我只能说，事实就是这样，它确实发生了”。在回应出事车厢被实地掩埋是不是为了掩盖证据时，发言人称“出事位置周围有泥塘，为了施工车辆进入挖掘土方，并不是为了掩埋车厢。

至于你信不信，我反正信了”[1]。

于是，“这是生命的奇迹”与“至于你信不信，我反正信了”成为了“高铁体”流行语，疯传于微博，使得原本几近沸腾的微博舆论又掀起了一轮风波。网民以调侃的方式，表达对铁路部门处理工作不利的各种质疑情绪。

此外，铁道部党组对发生“7·23甬温线特别重大铁路交通事故”的上海铁路局局长、党委书记、分管工务电务的副局长予以免职，并进行调查。同时，调任安路生为上海铁路局局长。接任后，网传新任命上海铁路局局长安路生为此前胶济铁路特大事故时被免职的局长，后有网民辟谣，证实安路生当时担任的是铁道部总调度长，而非事故责任局长。

7月24日，网民追问主要集中于十四大方面

追问1：救援行动为何区区5小时就早早宣布结束？

很多遇难者遗体都未能抬出的救援行动仅5小时即宣布结束，车厢被放倒或者被吊到桥下。对比国外事故救援的漫长、细心和人道，网民对不尊重死者的草率救援极其愤怒。

追问2：宣布无生命体征后为何还能救出女孩小伊伊？

宣布无生命体征而结束救援的十几个小时后，事故车厢中的女孩小伊伊被特警救出，铁道部新闻发言人称之为“奇迹”。网民强烈不满“奇迹论”，认为救援行动过于草率，放弃了很多可能被救出的生命。

追问3：尸体毁坏严重，救援方式是不是太粗暴？

在事故中丧失5位亲人的杨峰称怀孕妻子尸体面目全非，而大姨尸体的头没了一半，明显是挖掘机所为。网民强烈不满粗暴救援，认为生者也会被“救死”。

追问4：死伤人数究竟几何？

每节车厢可容百人，而接近满员的四节车厢在200公里时速撞击下从桥上坠落，官方数据显示截至24日，事故造成35人死亡，192人受伤。网民强烈质疑其余数百人是否真的毫发无损。

追问5：实名制下为何不能公布乘客名单？

动车买票已严格实施实名制，铁道部完全有能力公布事故车次的乘客名

---

① 《7·23甬温线特别重大事故召开新闻发布会》，http://www.chinanews.com/shipin/2011/07—24/news42241.html

单以备公众查询，网民据此加深对官方隐瞒死伤人数的猜疑。

追问6：为何将D301车头拖入水坑？

7月24日，几辆挖土机将D301次车头推入池塘大坑中，铁道部称为了疏通路面。网民完全不理解、不相信官方解释，强烈质疑此举是为了“毁灭证据”。

追问7：铁道部长为何在空调车里接受采访？

7月24日，新闻中铁道部长坐在空调车里接受采访、指挥抢险，被网民评价为“高傲”。

追问8：新闻发言人为何迟到？为何发笑？

新闻发言人的现场表现令人不满。铁道部第一次新闻发布会中，发言人迟到40分钟，面带微笑开发布会。迟到的消息主要由在场记者微博发出。发布会结束后，微博上出现大量其“微笑”的截图。网友对这种傲慢态度表示强烈愤慨。

追问9：发言内容何以如此“雷人”？

网民普遍认为，新闻发言人的发言内容“雷人”之处颇多，譬如“至于你信不信，我反正信了”、“这是生命的奇迹”等。作为事故发生后，官方的首次正式回应，为何准备如此不充分？为何言辞如此不恰当？

追问10：7月24日晨，人民网和新华网首页为何毫无反应？

7月24日凌晨，距事故发生已逾5个小时，新华网、人民网作为我国最重要的两大官方网站，未对事故做详尽报道，甚至没有将其放在头条的位置。

追问11：央视为何缺乏对客观情况的报道？

中央电视台从24日凌晨开始了对于此次事故的报道，但缺乏对于事故发生时及发生后客观情况的详尽报道，将绝大部分注意力放在了对武警消防、医疗救助工作的表扬与歌颂上，有避重就轻、转移视线之嫌。

追问12：7月24日，四大报缘何依旧不谈事故？

7月24日，《人民日报》、《经济日报》、《光明日报》与《解放军报》的头条标题均为《中央军委举行晋升上将军衔仪式》，一片祥和之声；从25日开始，“7·23”甬温线特大铁路事故终于登上了四大报纸的头版头条，但不难发现，新闻报道的角度依旧以对参加救灾各部门的赞扬为主，相比之下，《香港晨报》、《南方都市报》的报道则更偏重对客观现实的描述以及对救援不力的指责。

追问13：铁道部领导住温州香格里拉？

根据网络图片表明，7月24日铁道部领导指挥部直接设在温州最好的五星级酒店——香格里拉大酒店。领导与工作人员用餐地点不同。网友质疑领导用餐标准，并对比营救现场的子弟兵和热心百姓，指责铁道部。

追问 14：对事故责任人追查缺失，官方为何对公众的质疑反应滞后且无动于衷？

7 月 24 日，上海铁路局局长、党委书记、分管工务电务工作的副局长被免去现任职务并进行调查。此后铁道部没有进行有力的责任追查，尤其是网传 D3115 司机所说的“当时我说能过去的，应该走的，但他非要让我停”中的“他”，即对调度人员的追查。网民自发从技术角度进行事故分析，很多人对“雷击说”和“信号灯设计缺陷说”都持怀疑态度，希望尽快对责任人进行处理，但官方的反应却非常滞后，令网民失望。

2011 年 7 月 25 日：事故原因仍未明，虽通车但疑问依然众多

2011 年 7 月 25 日 6 时 57 分，由宁波东开往苍南的 D5603 次列车通过列车追尾事故地段，这是线路抢通后通过事故地段的第一趟列车。虽然事故路段已经基本清理干净，但是事故列车的残骸仍在桥下，且事故原因尚未公开。

同日，新华社刊登名为《三问温州动车追尾事故，乘客生命不能白白消失》[1] 的报道，以“行车安全系统为何失效?”“列车调度管理是否到位?”“平安能否不用鲜血来换?”三大问题追问动车追尾事故。各大媒体纷纷转载

① 中国日报，《新华社三问温州动车追尾事故，乘客生命不能白白消失》，http://www.chinadaily.com.cn/dfpd/hubei/2011—07—26/content_3308434.html

该篇报道。

7月25日，网民追问主要集中于两大方面

追问1：事故发生后铁路部门没有高层领导出面道歉？

7月24日，仅有铁道部新闻发言人在新闻发布会上的道歉，以及部长在电话会议上的道歉，没有高层领导出面直接道歉。由于公信力透支，网友对此类道歉并无好感，责问批评的言论在微博上被大量转发。

追问2：对比国外事故责任落实，为何国内事故的处罚那么轻？

德国1998年的高铁事件，称事后每名遇难家属发放3万马克，2官员1工程师被控误杀罪，每名工程师罚款1万欧元，全国反思，每年6月21日定为中央追悼日，并为遇难者立碑。日本2005年JR线事故后，调查组在现场进行了约一个月的调查，后经营这一条铁路的日本JR西日本公司社长山崎正夫等9名经营班子成员以“业务过失致死伤罪”遭到法院的起诉，山崎社长和主要干部引咎辞职。相比7·23事故后，第一时间损毁车头，破坏现场，并无高层出面担责，网民表示痛心。

2011年7月26日：重挖车头开赔偿，“早签协议有奖励”遭诘问

2011年7月26日凌晨，“7·23”动车追尾事故温州鹿城区处置领导小组与遇难者林淼家属签订伤亡赔偿协议，赔付50万元，此为动车事故首例赔付。随后，有公众指出，2010年的伊春空难事故中，航空公司对每位遇难旅客的赔偿标准为96万元，舆论质疑事故赔偿金额过低。同时“早签协议有奖励”的传言也一度让舆论愤怒。

7月26日深夜，事故中脱轨的6节车厢全部被移出事故现场，之前埋下的D301次动车车头也被挖出运走。“埋了又挖出来”同样招致舆论的诘问，网民对无力监督、缺乏透明的事故原因调查完全不信任。

7月26日当天，《新京报》刊登社论《重建公众信任，从事故善后开始》；人民网发表《查清原因是重中之重，动车追尾惨剧让我们看到了什么?》①，文章指出“‘雷击造成设备故障’的说法有些苍白，难以让舆论和公众接受。”此时，其他媒体也纷纷刊登评论文章，追问事故原因。

---

① 人民网，《查清原因是重中之重，动车追尾惨剧让我们看到了什么?》，http://opinion.people.com.cn/GB/52655/15240899.html

7月26日，网民追问主要集中于五大方面

追问1：为何夜间将车厢车头挖出运走调查？

26日深夜，之前埋下的D301次动车车头被挖出运走调查。网民质疑为何选择夜间运输？

追问2：最高2万元的列车乘客意外险保额为何20年不变？

根据1992年修改的《铁路旅客意外伤害强制保险条例》规定，此次追尾事故将赔付旅客保险金最高2万元。20年以来，虽然包含在票价里的2%强制保险费率随票价不断上涨，但最高赔偿额仍然是2万元，网民深表不满。

追问3：先签订赔偿协议的有“奖励”让人心寒

媒体报道，铁道部规定遇难者家属在短时间接受谈判并签订协议的，可视情况酌情予以数万元奖励，还有新闻说需拿火化证明才能获得赔付。虽然27日，温州宣传部回应，遇难者家属“早签约有奖励”的说法是谣言，此消息仍令网民心寒。

追问4：国内高铁安全性是否还有保障？

动车追尾事故惨烈的现场，与事故前宣传的溢美之词“世界上最安全的高铁”形成强烈感官反差。舆论追问是否因中国高铁赶工期、动车司机不足、培训时间过少等原因，导致事故发生。

追问5：胶济铁路受伤者至今未获满意赔偿

2008年，胶济铁路发生特大事故，导致72人死亡、416人受伤。其中一名幸存者的赔偿问题3年未解决。在7·23事故赔偿方案出台后，胶济铁路赔偿问题重回网友视野，“看事大就赶紧主动来平息，见事小就视而不见不当回事”，网友质疑铁道部赔偿的不公正和伪善性。

2011年7月27日：遗体被“集体火化”？善后工作再添波澜

2011年7月27日上午，事故遇难者遗体开始火化。微博中，有关“遇难者遗体将被集体火化”、“遗体不经家属同意就被火化”等消息不胫而走。随后，温州市殡仪馆负责人对此传言予以否认。

7月27日早间及晚上，温州警方陆续公布了第二、三批“7·23”甬温线特别重大铁路交通事故遇难人员名单，共有8人。当天，数十位遇难者家属代表聚集温州南站，与铁路方面谈判，追问事故原因，但并未得到满意答复，据其中一位遇难者家属反映，铁路部门与他们谈判只谈赔偿款额，让人心寒。

7月27日，网民追问主要集中于三大方面

追问1：铁道部为何债台高筑？

最新的公开数据显示，目前铁道部负债已近两万亿元[1]。舆论质疑铁道部是否为了制造高铁神话，而深陷债务危机。

追问2：中国铁路是否垄断程度过高？

此次铁路安全问题给人们蒙上了巨大阴影，加上长时期“春运”一票难求、服务质量普遍低劣等问题，舆论愤懑铁路成目前中国内地市场化程度最低，垄断程度最高，整个系统腐败情况最严重的部门之一。

追问3：高铁多趟列车为何再次晚点？

事故发生以后，高铁安全成为舆论关注焦点，且仍有多趟列车因供电设备等故障晚点。高铁开通以来，故障频发，引人关注。

2011年7月28日：温总理到温州，民心安抚舆情降温

2011年7月28日，温家宝总理抵达温州，察看事故现场，悼念遇难者，看望受伤乘客，慰问遇难者亲属，并在事故现场回答了中外记者提问。各路记者及网友对温总理一行的活动进行了全程微博直播。

温总理抵达温州安抚民心后，舆情迅速降温，对事故发展具有转折性意义。一方面，网民情绪主要呈积极态势，有所缓和与稳定。网友感谢总理的关怀，期待总理对事故调查的要求得到落实，并对总理的病情表示关注，祝愿总理早日康复。另一方面，仍有部分舆论对媒体报道细节、现场提问记者等方面保持谨慎质疑的态度。

上海铁路局局长安路生在当天召开的国务院“7·23”甬温线特别重大铁路交通事故调查组全体会议上说，根据初步掌握的情况分析，“7·23”动车事故是由于温州南站信号设备在设计上存在严重缺陷，遭雷击发生故障后，导致本应显示为红灯的区间信号机错误显示为绿灯。

北京全路通信信号研究设计院有限公司在其公司网站上发布《致“7·23”甬温线特别重大铁路交通事故死伤者及家属的道歉信》。

国家安全监管总局副局长王德学则在温州动车事故会议上表示：“调查组要在9月中旬之前形成书面调查报告，已经聘请了国内电控供电领域的8

---

① 财讯网，《铁道部负债近两万亿 巨额投资收益微薄》，http://economy.caixun.com/content/20110719/NE02ptl2.html

名专家来参与调查。”

7月28日，网民追问主要集中于两大方面

追问1：温州媒体提问有何用意？

答中外记者问的程序中，最后安排了《温州日报》的记者提问。有网友评论表示这种做法与讨赏无异；也有网友认为，温州人在此次救援中表现出了相当高的素质，非常令人钦佩和感动，发布会上应该有所提及。

追问2：总理原本下令救人，为何铁道部要求“尽快恢复通车”？

温家宝总理在答记者问时表示，得到消息后立即给铁道部长打电话，说了“救人”二字。7月28日早些时候，铁道部“7·23”甬温线特别重大铁路交通事故救援前线指挥部负责人也表示，一些媒体报道的“铁路官员24日曾宣布，车厢内无生命迹象，救援结束，但现场又搜救出生还者”，这种说法完全没有根据。但网民依然质问，为何铁道部如此仓促停止救援并要求尽快通车？是否没有执行总理的要求？

2011年7月29日以后：媒体报道大幅缩减，“破坏遗体”说再惹众怒

2011年7月29日是温州动车事故发生后的第七天，民间俗称“头七”，遇难者家属及温州市民前往事故现场，拜祭遇难者。当天下午，温州市卫生局通报，事故遇难者已经增至40人。事故救援善后总指挥部透露，温州事故遇难人员赔偿救助标准提高到91.5万元。截至7月29日22点，事故善后赔偿组已和10名遇难者家属按新标准签订了赔偿协议，同时于7月29日15点赶赴抚州与此前签订了赔偿协议的林淼家属按新标准重新签署。

7月30日之后，大部分报纸有关动车追尾的报道明显减少，各大新闻门户网站也纷纷将报道撤下主页，或缩小报道篇幅。同时，也有部分媒体及记者在微博及相关媒体上持续发声，将宣传部门的禁令口径曝光，表达不满。

8月4日，小伊伊父母遗体告别仪式在温州市殡仪馆举行，上千温州市民前往殡仪馆送别。此前，有消息透露官方以破坏遇难者遗体的方式，逼迫家属签字。消息一出，舆论再度陷入极度愤怒状态。

8月5日，“7·23”动车事故救援善后总指挥部公布了“7·23”事故受伤旅客赔偿救助方案。

9月中旬，官方许诺公布事故调查报道的期限将至，微博网民追问事故报告。

7月29日以后，网民追问主要集中于两大方面

追问1：乘客行李物品完全被忽视，公民权利如何得到保障？

整个事故救援和处理草率粗暴，欠缺对乘客行李物品的重视，而铁路事故的行李赔偿限额仅为2000元。网民不满对个人私有财产的轻视，并认为遗物具有不可替代的意义。

追问2：事故调查报告何时出？

7月28日，国家安全监管总局副局长在温州动车事故会议上表示："调查组要在9月中旬之前形成书面调查报告，并声称已经聘请了国内电控供电领域的8名专家来参与调查。"9月中旬，官方许诺期限已过，尚未有官方报告发布，微博网友追问事故报告何时发布。

二、回应对比

时间	网民关注	官方回应	媒体关注
事发第一天 7月23日晚	1. 微博首发事故消息，扮演寻亲平台、辟谣阵地，发出献血倡议，占领舆论阵地 2. 为何修改事故发生时间 3. 雷击如何能让重重防护机制失效 4. 追问幸存的D3115次动车司机为何没有公开解释 5. 车次时刻表上的前车为何撞上了后车 6. 为什么列车调度形同虚设	以"雷击说"定论	——
事发第二天 7月24日上午	1. 救援行动为何区区5小时就早早宣布结束 2. 宣布无生命体征后为何还能救出女孩小伊伊 3. 救援时尸体毁坏严重，救援方式是不是太粗暴 4. 轻信"35人死亡上限论"等谣言，要求快速公布死伤人数。质疑实名制下为何不能公布乘客名单	1. 事故现场经过生命探测仪显示，宣布列车上已无生命迹象 2. 拆分出事车体并掩埋 3. 据初步了解，事故原因是雷击造成设备故障所导致	1. 各都市报，竞相推出专题，或聚焦雨夜救援，或追问事故原因。不少媒体连环追问，猛烈抨击中国铁路高速发展中埋藏的隐患 2. 质疑主流媒体为何未及时对事故进行详细报道

续表

时间	网民关注	官方回应	媒体关注
事发第二天 7月24日下午	5. 为何将D301车头拖入水坑掩埋车身？认为官方试图掩盖事故真相 6. 铁道部长为何在空调车里接受采访？铁道部领导此时还要在香格里拉这样的高级场所吃住，是否合适	上海铁路局局长等三人被就地免职	
事发第二天 7月24日晚	7. 新闻发言人为何迟到？为何发笑？发言内容为何如此"雷人" 8. 当天早上人民网和新华网首页为何毫无反应？央视为何缺乏对客观情况的报道？四大报缘何依旧不谈事故 9. 为何不追查事故责任人？为何对公众质疑始终反应滞后甚至无动于衷	官方召开新闻发布会，整体效果以失败而告终，使得舆情再次走高	—
事发第三天 7月25日	1. 事故发生后铁路部门没有高层领导出面道歉 2. 对比国外事故责任，国内事故的处罚为何那么轻 3. 网友以铁道部新闻发言人的回答句式造"高铁体"，表达质疑与不满 4. 连连追问，渴望真相，希冀公道	紧急恢复通车，尚未查明对外公布事故原因	1. 详细报道最后获救女孩小伊伊的伤情动态 2. 空前联手，频频发力，对铁路部门穷追猛打，追问事故原因，新华社等主流媒体亦加入阵营
事发第四天 7月26日	1. 为何夜间将事故车头"埋了又挖出来"并运走调查 2. 最高2万元的列车乘客意外险保额为何20年不变 3. 轻信"早签赔偿协议有奖"的说法，质疑赔偿金额与方式 4. 国内高铁安全性是否还有保障 5. 胶济铁路受伤者至今未获满意赔偿 6. 微博网友捐款资助被救女孩小伊伊	1. 挖出并运走之前掩埋的D301次动车车头 2. 与家属签署首个事故赔偿协议	1. 焦点报道痛失五位亲人，声称"不要赔偿只要真相"的杨峰； 2. 继续追问事故原因，同时关注事故赔偿、善后处理等方面

续表

时间	网民关注	官方回应	媒体关注
事发第五天 7月27日	1. 流传“遇难者遗体将被集体火化”等谣言 2. 铁道部为何债台高筑 3. 中国铁路垄断体制 4. 高铁多趟列车为何又晚点	温州市委宣传部澄清“早签约有4到5万元奖励”的说法是谣传	媒体头条齐关注赔偿方案，频频刊发评论文章，质疑“奖励”金额与手段
事发第六天 7月28日	1. 微博直播，关注总理温州行，同时质疑央视为何缺席总理抵温进行直播 2. 质问《温州日报》记者现场提问的目的和用意 3. 总理原本下令救人，为何铁道部要求“尽快恢复通车” 4. 总理的病情，是“允许出行”还是“允许出院”	1. 温总理抵达温州，慰问受伤乘客，在事故现场回答中外记者提问 2. 公布“信号设备缺陷”结论 3. 事故调查组回应称9月15日之前形成书面调查报告	1. 媒体澄清“早签协议有奖励”的说法系谣传，持续关注事故赔偿善后处理等方面 2. 承诺9月中旬公布事故调查报告
事发第七天 7月29日	1. 遇难者“头七”之日，微博网友发文祭拜遇难者，为生者祈福 2. 乘客行李物品被完全忽视，公民权利如何得到保障 3. 事故调查报告何时发布	提高温州事故遇难人员赔偿救助标准至91.5万元；通报事故遇难者已经增至40人	多角度报道总理温州行；同时借总理之言，逼问铁道部“是否救人第一”
事发第八天 7月30日	1. 部分媒体及记者在微博及相关媒体上持续发声，将宣传部门的禁令口径曝光，表达不满 2. 持续关注事故善后处置工作	按标准赔偿事故丢失行李 继续事故善后处置	媒体报道量大幅缩减，但仍有少数媒体以暗喻等方式间接关注事故

三、舆情研判

IRI监测数据显示，截至2011年7月31日，有关温州动车追尾事件直接相关微博讨论数量共计为6亿多条，其中新浪微博和腾讯微博各自3亿多条；相关新闻媒体报道共有23849篇，参与转载的网站有505家，这些新闻报道总共获得 3281522 条网民评论；另有论坛主帖 92796 篇，博客文章 53495 篇，是迄今为止的引发网民关注度最强、舆情最为鼎沸的最重大的突发事件。

（一）舆情指数

中国传媒大学网络舆情（口碑）研究所（简称 IRI）基于 I-Catch 全网动态分析和网络舆情 100 典型网站样本分析监测数据，以新闻报道量、论坛网帖数、博客文章数、点击率以及评论量为主要考核标准，绘制 7 月 23 日至 7 月 31 日“甬温线特别重大铁路交通事故”舆情指数图如下：

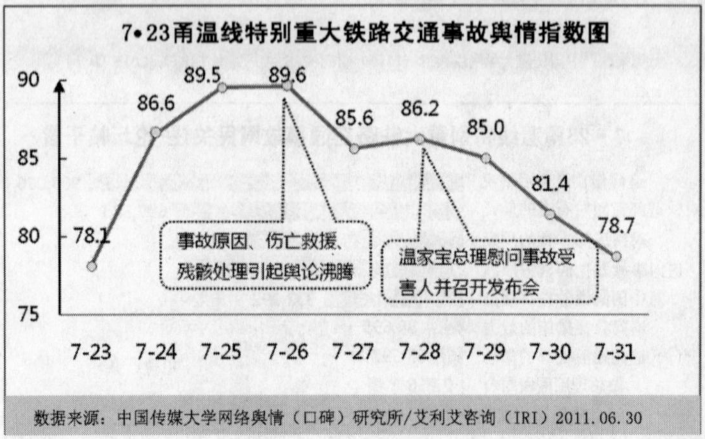

从上图可以看出：从 2011 年 7 月 23 日晚事故发生开始，由于铁路部门缺乏权威解释，透明、公正、快速的处理和对谣言的回应，致使网络舆论沸腾，使得此事件的整体舆情指数数次逼近 90 分这一重度舆情区间，并在第二天到第四天达到了最高值，而对于高铁建设、铁道部债务、官员腐败等话题的不断深挖和报道，受到网民大量关注。而 7 月 28 日温家宝总理抵达温州后安抚民心，令舆情迅速降温。

（二）网民关注点

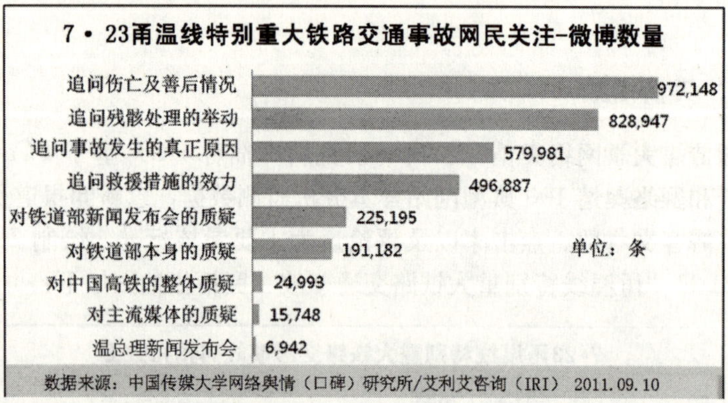

7·23甬温线特别重大铁路交通事故网民关注-微博数量

数据来源：中国传媒大学网络舆情（口碑）研究所/艾利艾咨询（IRI） 2011.09.10

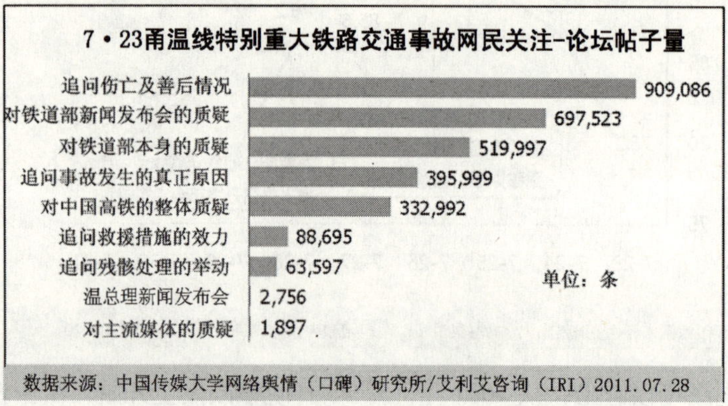

7·23甬温线特别重大铁路交通事故网民关注-论坛帖子量

数据来源：中国传媒大学网络舆情（口碑）研究所/艾利艾咨询（IRI）2011.07.28

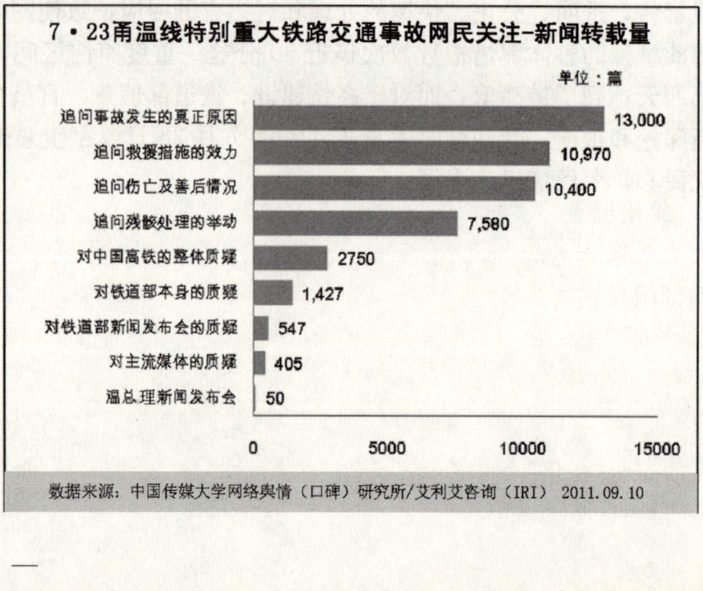

7·23甬温线特别重大铁路交通事故网民关注-新闻转载量

数据来源：中国传媒大学网络舆情（口碑）研究所/艾利艾咨询（IRI） 2011.09.10

四、舆情点评

这场导致 40 人死亡、两百余人受伤的 7·23 甬温线特别重大铁路交通事故，牵动了无数网民的心，相关部门的应对不力、处置不当，更招来排山倒海的批评，并由此形成一场罕见的舆论风暴。为什么此次事件不同于三年前的胶济铁路脱轨事件，而演变成如此重大的网络舆情突发事件，造成如此重大的影响，最主要有以下几个方面的因素：

（一）未重视微博舆论场的兴起

2008 年 4 月 28 日，山东胶济铁路特大交通事故发生，两列车脱轨倾覆并相撞，造成 72 人死亡，416 人受伤。对比 2011 年出现的“7·23 甬温线重大铁路交通事故”，我们不难发现，两起事故有很多类似之处：一是胶济铁路脱轨所造成的损失与伤亡结果比甬温线事故有过之而无不及；二是铁路部门对这两起事故的处置手法也相差无几。同样是快速抢通车——胶济铁路事故发生后的第二天便正式恢复通车，甬温线是第三天恢复通车，也同样是拆卸损毁车厢、掩埋车体等；三是胶济铁路事故发生后，媒体报道步伐一致，观点统一，现场搜救、后续治疗成为舆论关注焦点，山东密城一名普通网友“SS 山地师”因转发了一条名为《火车相撞特大内幕！请看！（图）》的帖子，而被拘留 5 天，警方称帖子中的不当内容“故意夸大事故中的死亡人数，造谣滋事”，帖子“造成社会混乱，扰乱社会秩序”。[①] 不同的是，甬温线事件发生后，媒体、网民与官方发布不同声音的强度如此之大，令人震撼。

为什么相对来讲同样的处理方式在胶济铁路的处置中会较为成功，而在甬温线特别重大铁路交通事故中则招致波涛汹涌的网络舆论的指责？最本质的原因是中国的媒体环境尤其是网络媒体环境发生了变化，微博在近两年尤其是 2010 年快速兴起。微博有着任何媒体（包括网络媒体）不能及的微博速度和强大的聚合能力，才给了此次 7·23 事件发生后短短一周内数亿的网民对铁路部门及相关政府部门进行集体监督和质疑的平台。因此，即使是同样的事故处置手法，在不同的媒体舆论环境中也会导致截然不同的结果。

---

① 南方都市报，《“普通网友转帖被拘”追踪，一张图导致被拘 5 天》，http：//it.sohu.com/20080509/n256751961.shtml

（二）未及时回应微博谣言与质疑

7·23甬温线特别重大铁路交通事故的网络舆情之所以不断高涨，与层出不穷的微博传言及谣言的传播密切相关。网络谣言的出现一方面是由于相关铁路部门未能及时澄清和公布事实和真相，给谣言的产生和传播留下了空间；一方面也是由于微博的碎片化特性和核裂变式传播速度。微博传言及谣言从事故最初发生时的"掩埋车头车厢以便毁灭真相"，到"35人死亡上限说"，再到救援阶段的"被拆解车体内仍有活人"，再到"吊下车厢有遗体掉出"，再到善后赔偿阶段的"遇难者遗体被集体火化"，再到"先签协议有奖励"……各类传言、小道消息贯穿事故舆情发展全过程，铁路部门却没能及时关注网络舆论，并一味惜字如金，任凭各种传言疯狂传播，致使公众情绪被谣言感染，不满情绪甚嚣尘上。加之，事故背后的真相姗姗来迟，公众最终反倒宁愿轻信谣言本身所传达的信息，甚至加入传谣队伍以"倒逼"真相。

在7·23事件发生后，每一天以微博为主的网民质疑从数个到十余个不等，但铁路部门显然未能及时监测、研判、回应、化解质疑。在微博对事故报道已经达到"秒互动"的背景下，假如铁路部门立即开通官方微博以微博速度回应会如何？如果能够24小时不间断传递事故进展，及时公开事故现场处置状况，第一时间公布权威信息，同时直接与网民对话，相信网络谣言定会少些，批评定会理性些，不满定会缓解些。在全民微博时代，放弃微博阵地，对微博等新媒体运用不足，对网络声音民众诉求重视不够，无异于直接放弃微博时代的话语权。

（三）未能成功召开新闻发布会

发布会的成功召开会对突发事件的网络舆情产生较大的降温作用，但此次事故发生后第26小时召开的新闻发布会，虽众人关注，但显然并没有起到应有的作用，反而助推了舆情的走高。发布会主要有几点不足：一是发言人迟到，对现场秩序维护不够；二是衣着随意，对逝者哀悼态度不够；三是表情偶有微笑，对逝者尊重不够；四是"至于你信不信，我反正信了"、"这是个生命的奇迹"的"高铁体"对民众温暖不够；五是发言人只身进行新闻发布，对技术细节等信息披露不够；六是高层领导未能出席，对公众致歉级别不够。

微博时代突发事件发生后，一个成功的新闻发布会除了关注传统媒体舆论外，一定要充分做好网络舆情的收集、分析和研判工作，充分掌握舆论诉求，对网络舆论中最为关注的问题的回应提前进行准备，并预测舆论走势。7·23甬温线特别重大铁路交通事故的新闻发布工作，显然缺乏对网络舆论的关注和研判，不仅没有针对舆论的质疑有的放矢，反而再招批评，再造危机。

关联阅读

7·22特别重大卧铺客车燃烧事故：2011年22日凌晨，一辆由山东威海前往湖南长沙严重超载的双层卧铺大客车，在京珠高速河南信阳明港段突发大火燃烧，造成41人死亡、6人受伤。后经查明，事故系车上非法携带、运输易燃化工产品引发大火所致，6名犯罪嫌疑人被依法刑拘。

9·27上海地铁10号线追尾事故：2011年9月27日14时许，上海地铁10号线突发设备故障，全线路实施人工调度、手动驾驶，14时51分豫园至老西门下行区间两列车不慎发生追尾，造成200余名乘客受伤就诊。随后，上海地铁通过官方微博就追尾一事致歉，称“今天是上海地铁运营有史以来最黯淡的一天”。事故调查组调查结果认定，9.27事故是一起造成重大社会影响的责任事故，12名事故责任人员受到严肃处理。

2011年，运输领域安全问题频发，大量网民对事故表达惋惜之情，同时希望有关部门彻查责任，保证交通运输的安全。安全问题是最易引发网民关注的问题之一，要求政府方面快速反应，同时要以严谨的内容和温和的态度对舆情进行化解。

四川会理县“悬浮照”事件

图片来源：四川会理县人民政府公众信息网

2011年6月26日，天涯网友发布了一篇名为《太假了，我县的宣传照片》的帖子，其中的宣传图片中三位县领导“悬浮”在公路上视察交流。自此，四川会理县领导“悬浮照”事件就此走入公众视野。随后，帖子被网友转载至微博上疯传，更惹得网友进行了一场PS① 狂欢，把会理县领导分别PS到了中山站、火星及郭美美豪车玛莎拉蒂等上面。网友恶搞之余，也在质疑基层政府工作不到位、公务人员作风浮夸等。6月27日，针对短时间内高涨的网络关注，会理县迅速通过平面媒体、论坛社区、官方微博、当事人个人微博等进行了四次正式道歉澄清，并在得到网民“原谅”后继而“借力发力”，通过微博介绍会理历史，推荐会理美食，推广会理旅游，将一起危机事件化解为成功的城市营销。

① PS，是图像处理软件Photoshop的缩写，PS也可以用来形容通过Photoshop等图形处理软件处理过的图片。

一、进程实录

2011年6月16日，四川凉山州会理县人民政府公众信息网刊登一篇题为《会理县高标准建设通乡路》的图片新闻。

2011年6月26日21时左右，网友"jiaoao592"在天涯社区发布名为《太假了，我县的宣传照片》的帖文，帖子爆料称会理县政府网站上的一张领导视察的新闻图片用PS技术合成，原帖作者在帖文中附上了会理县政府官网截图及领导视察照片。在该照片中，三位县领导"悬浮"在一条公路的上空。帖子一经发出，立即引来众多网民围观。①

2011年6月26日当天，会理县政府网站删除了这条附有领导"悬浮照"的图片新闻。当晚至27日，该图片被众多网友转至微博并进行了疯传，网友调侃称"实在是太喜庆太欢乐了。这条通乡公路的标准绝对高得不能再高了，采用了人悬浮的尖端技术。"围观之余，网友更是创意无限地将三位"悬浮"的领导PS至各种场景中（详见本案例第五部分），引发了一场网民的PS狂欢。

2011年6月27日，会理县政府接受《潇湘晨报》采访，主动承认错误，认为"网友的质疑是对的，我们的工作存在问题"，进行了第一次致歉。随后在天涯社区爆料帖之后挂出会理政府的道歉信，进行了第二次致歉。

2011年6月27日下午18点24分，会理县政府开通了新浪微博，第三次向社会道歉，承认所刊登照片确系PS照，并贴出领导考察"悬浮照"原照。在第二条微博中，刊登了领导"悬浮照"事件当事人道歉声明。

① 天涯论坛，《太假了，我县的宣传照片》，http：//www.tianya.cn/publicforum/content/free/1/2197111.shtml

四川省会理县政府V

http://weibo.com/u/2203793661

四川，凉山

他还没填写个人介绍

＋加关注　　推荐给朋友

分享图片：会理县政府"领导照片事件"当事人道歉声明。

6月27日18:27　来自新浪微博　　转发(2031) | 收藏 | 评论(1757)

由于我县工作人员的失误，在政府网站上发表了一张PS过的照片，他对于新闻真实性的理解有误，使得我县在网络上受到了更多的关注，在此，会理县政府对于广大网友的关注表示理解，并希望对此事道歉，并澄清。

6月27日18:24　来自新浪微博　　转发(488) | 收藏 | 评论(520)

2011年6月27日晚19时许，"悬浮照"制作者孙正东开设微博"会理县孙正东"，连发7条信息，在微博上进行了事件的第四次正式道歉，承认是"自身工作态度问题"，而且以不回避的态度主动转发网友所创作的领导视察合成照，并调侃称"感谢全国热心网友，让会理县领导有机会在短短的时间内免费'周游世界'，'旅行'归来后，领导已回到正常的工作轨道，也希望网友把关注的焦点，转移到会理这座古城上来"。诙谐的语言和坦诚的态度赢得了众多网民的好评。

2011年6月28日，会理县政府官方微博和"会理县孙正东"相继在微博中以图文并茂形式发布了会理风光照片，介绍会理县历史和旅游资源，得到了众多网民的关注和转发，很多网民表示有机会很愿意去会理县旅游。一场由合成照片所引发的基层政府的信任危机就此化解。

2011年6月28日下午，网民再次爆料，山西省寿阳县政府网站上的一条新闻中也使用了一张合成痕迹明显的照片。这是继会理县以后，网民爆出的第二起政府网站"合成照"事件，此事件中的地方领导也被网民戏称为"悬浮二代"。自此，全国各地"悬浮三代"、"悬浮四代"等照片也随着网民的关注不断浮出水面，合成照事件也正在不断拷问着政府公信力。

二、回应对比

时间	网民关注	官方回应
事件首度曝光 2011年6月26日	1.“悬浮照”于论坛曝光，并被转至微博，引发众多网民围观 2. 网民感叹造假行为在基层已成常态，应严肃处置	会理县删除政府网站中附有“悬浮照”的图片新闻
事发第二日 2011年6月27日	1. 网友纷纷将“悬浮照”领导PS至各类场景中。娱乐效果分散了网民注意力，消解了网民原本的不满情绪 2. 疯传于微博的会理县三领导“悬浮照”，让会理县转瞬名满天下，网友呼吁不要对官网小编进行煞风景的“严肃处理”	1. 接受媒体采访，承认错误 2. 在天涯社区爆料帖之后，挂出道歉信 3. 开通官方微博致歉，承认网站照片是人工合成，贴出领导考察原照，并刊登“悬浮照”制作者孙正东道歉声明 4. “悬浮照”制作者孙正东开通微博，主动致歉，且言语幽默，并发会理县风景照，呼吁网友关注会理县旅游，转移网民注意力和话题
事发第三日 2011年6月28日	1. 网民关注由“悬浮照”转移至会理县历史、自然风光及旅游资源等 2. 山西寿阳县政府网站的“悬浮二代”照片，转移了网民视线	借机发力，巧设议程，介绍会理旅游资源，转移网民关注点

三、舆情研判

根据IRI监测数据显示，从2011年6月27日至6月30日10时，有关会理县领导“悬浮照”事件直接相关报道共有1485篇，参与转载的网站有205家，这些新闻报道总共获得175703条网民评论；另有论坛主帖54篇，博客文章131篇，相关微博7414条。

（一）舆情指数

IRI根据承办的国家社科基金重大课题（07&ZD041）子课题“网络舆情指数体系（IRI）研究”，基于I-Catch全网动态分析和网络舆情100典型网站样本分析，绘制会理县领导“悬浮照”事件网络舆情指数趋势图如下：

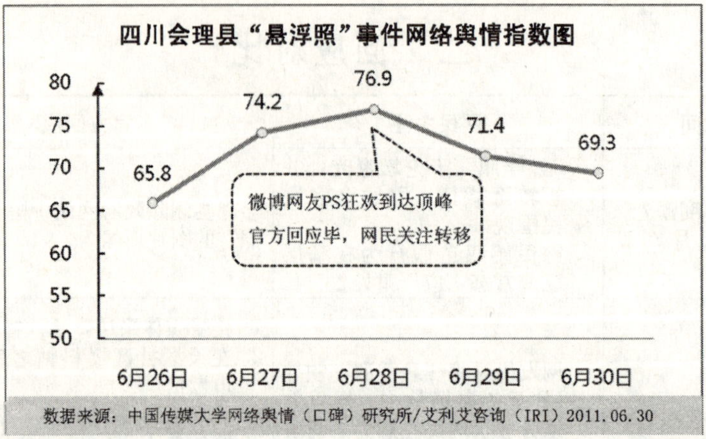

如图所示，从 6 月 26 日事件曝光至 27 日，舆情指数一路飙升，直至 28 日，微博网友 PS 狂欢达到顶峰之时，舆情指数升至最高。27 日会理县政府开通微博回应舆论之后，网民关注点顺势转移至会理县旅游资源，并未出现其他无端猜测，因此网络舆情指数也顺势下降。可见突发事件发生后相关政府部门的及时回应对网络舆情迅速降温具有举足轻重的作用。

（二）网民关注点

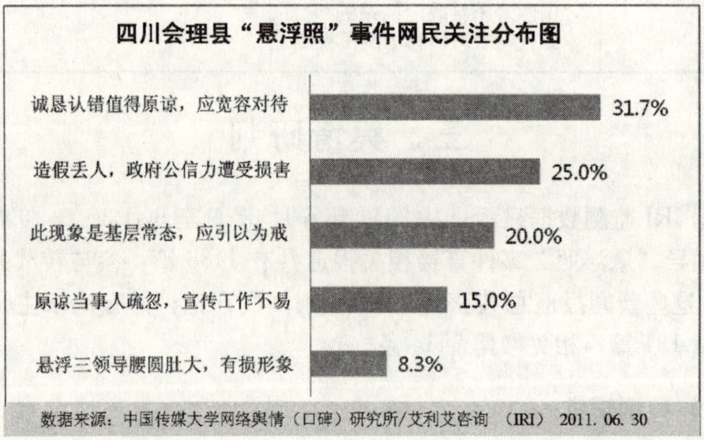

四、舆情点评

（一）诚恳认错，是危机化解的原则

从四川会理县领导“悬浮照”事件曝光于天涯论坛，至三天后当地政府部门巧妙化解并转危为机，不难发现当地政府部门通过传统媒体、论坛社区、官方微博、当事人个人微博等四次快速道歉澄清起到了至关重要的作用。可见，在突发事件发生后政府部门若肯主动放低姿态，放下身段，以事实为依据，诚恳认错，发现问题，澄清事实，就可快速化险为夷。一味回避错误，推卸责任，高高在上，或采用“封”、“堵”等方法，视网民质疑与诉求于不顾，都将被网民不断人肉，发掘其他关联事件并不断质疑，致使相关政府部门陷于更大的被动。

（二）五步处置，是化危为机的关键

四川会理县领导“悬浮照”事件曝光之后，当天会理县政府随即删除了附有“悬浮照”的官方网站新闻；次日，面对网民掀起的疯狂的 PS 浪潮，会理县政府首先接受传统平面媒体采访承认错误，然后到舆情源头的论坛帖子中发布道歉信，再后来迅速开通官方微博再次进行道歉，并刊出未经 PS 的原照片，紧跟着是 PS 照的制作者又开通个人微博进行公开致歉，语言幽默态度开放，最后在快速赢得网民谅解的舆论高峰期又巧设议题，借机推广会理旅游资源，取得了良好的效果。可谓平媒、论坛、微博“多管齐下”，应对一环接一环，处置果断，方式巧妙，时机恰当，对事件平息起到了关键作用。

关联阅读

2011 年 6 月 28 日，网民在天涯论坛和新浪微博上爆料称，山西省寿阳县政府网站的一条新闻中使用了一张 PS 合成痕迹明显的照片，引发网友围观。鉴于此前被爆出的会理县领导“被悬浮”，有网民称其为“悬浮二代现身”。当天下午 6 时许，寿阳县承认此事属实，并表示下午 4 时许已经撤换了图片，放上了原图。

2011 年 8 月 22 日，网民向记者爆料称河南嵩县旅游网的一条新闻中配有领导“悬浮照”。该条新闻为《嵩县县长李大伟在白云山调研时即兴赋诗畅抒游感》，刊发于 2009 年 7 月 27 日，且正文中还有嵩县时任县长的一首诗。当天，嵩县旅游节办公室经核实后，撤下了该照片。

近年来，随着党政部门网站的建设和发展，网络宣传、网络问政成为广大网民极为关心的事宜。这也是党政部门利用互联网面向民众展示形象的良好机会。然而，现实工作中却不尽如人意。一些地方政府网站留言板荒废、回答网民提问曝出粗话或雷语、照片造假等现象时有发生。四川会理“领导悬浮照”后，山西寿阳、河南嵩阳等地相继曝出领导悬浮照，广受舆论诟病，这些行为无疑在政府部门“公信力沉沦”的伤口上，撒了一把盐。如何规范党政部门的对外窗口？如何避免类似事件再次发生？除了媒体和网民监督外，还有赖于相关部门政策的出台和地方政府意识的加强。

网友 PS“会理三杰”版本节选

会理县领导在火星

会理县领导赴阿富汗指导美军反恐工作

会理县领导在南极中山站视察

郭美美事件

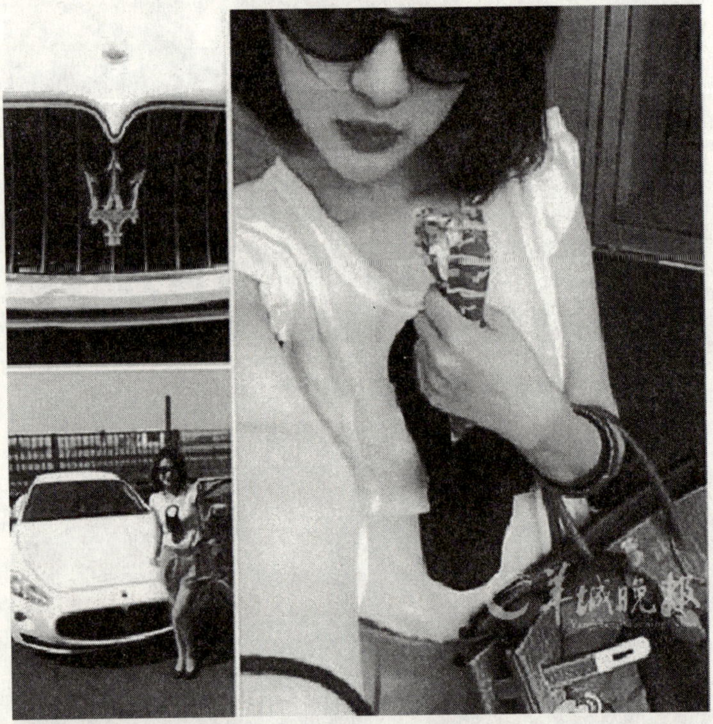

图片来源:羊城晚报

2011年6月，年仅20岁的郭美美在微博上注册了头衔为“中国红十字会商业总经理”的“郭美美baby”账号，并通过该微博账号不断炫耀其玛莎拉蒂跑车、爱马仕包等，迅速引来网民围观、热议与人肉搜索。网民很快将其“巨额”财富的来源与其在中国红十字会的职务联系起来，引发了众多网民对中国红十字会收受的全社会慈善捐款在使用过程中存在的严重监管漏洞等一连串问题提出质疑。最终，致使红十字会相关领导遭到了人肉搜索，各地红十字会机构自2011年7月起接收的社会捐款数额接近冰点，国内的社会慈善诚信体系几近倒塌。

一、进程实录

2011 年 6 月 21 日晚，郭美美通过其新浪微博上加 V 的头衔为“中国红十字会商业总经理”的“郭美美 Baby”账号，不断发布其价值 4700 万的玛莎拉蒂豪车以及价值 100 多万的爱马仕名包等照片，引来网民对这位年龄仅 20 岁的女子巨额财富来源的猜想，质疑这与其“中国红十字会商业总经理”的头衔有关。通过初步的人肉搜索，网民怀疑她是中国红十字会郭长江副会长的女儿，且“认定”郭副会长在某些场合佩戴的手表是百达翡丽的天价表。

认定的理由主要是源自两个方面：一是有一个以红十字会标志为头像的新浪微博用户“郭长江 RC”关注了郭美美的新浪微博；二是网上流传的一张郭美美出行的照片。照片显示：郭美美在飞机座位上，其右后方一位中年男性也被纳入镜头。网民怀疑那位中年男性就是郭长江，理由有三条：第一，通过与郭长江的照片进行对比，部分网民认为该男子与郭长江长相类似；第二，通过日期对比，部分网民发现，就在郭美美乘此飞机去澳大利亚的同时，郭长江也赴澳大利亚参加活动；第三，通过手表对比，部分网民认为，照片中男子所戴手表与郭长江所戴手表同属名表“百达翡丽”。

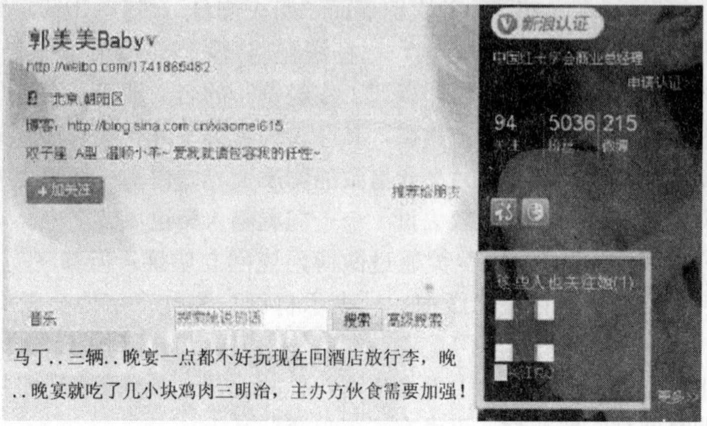

2011年6月22日，知名人士杨澜在微博中“辟谣”：“这就怪了，我是中国红十字会的常务理事，没听说过红十字会有‘商务总经理’这么一职位，还有消息说她是红十字会副会长郭长江之女，这就更不靠谱了，郭没闺女。”不料，杨澜本人却因为此次辟谣而“引火烧身”，随后几日，新浪微博用户“出版人马志明”发布信息，称杨澜在将20万元捐给希望工程之后，次日就与中国青基会签下协议，以“工作经费”的名义领走；素有“中国打假第一人”称号的王海在网上透露，其已正式起诉蓝月亮洗衣液及其形象代言人杨澜，原因则是怀疑蓝月亮含有致癌物质荧光增白剂；杨澜丈夫吴征被造谣“突发心脏病，抢救无效去世”……杨澜陷入舆论风波之中。

2011年6月22日，郭美美通过微博回应网友质疑，但却三易其内容，似有前后矛盾之嫌。在最终版中，她表示自己“和红十字协会没有任何关系”。同日，新浪微博取消了郭美美的实名认证，并就审核不严公开道歉；中国红十字会在其官方网站上发布声明，称并无“红十字商会”机构，也未设“商业总经理”的职位，更没有“郭美美”其人。①

---

① 《中国红十字会声明》，http：//www.redcross.org.cn/zx/yw/201106/t20110622_42602.html

VER 1.0

@郭美美Baby 我不是公众人物我只是在微博上与我的朋友们分享生活的喜怒哀乐，我不是炫富只是世界之大各人有各人的生活方式。我所在的公司是与红十字会有合作关系简称红十字商会。我们负责与人生保险或医疗器械等签广告合约，将广告放在红十字会免费为老百姓服务的医疗车上。之前也许是名称的缩写造成大家误会。抱歉

VER 2.0

@郭美美Baby：红十字协会和跟红十字商会根本就是两个不同性质，为什么会有那么多人揪着红十字这三个字不放过呢，这跟人同姓或者同名是一个性质。红十字协会是慈善机构，主要帮助那些需要帮助的人们。而红十字商会是商业性质，是商业经营类的公司。我从来没有想过炫富，每个人有不同的生活，只是恰巧我的生活是这样。

VER 3.0

@郭美美Baby：本人郑重声明：1.我和红十字协会没有任何关系；2.我不是红十字会会长或郭沫若先生的子孙。3.我当时新浪认证是演员。4.我所说的红十字商会并不是公司或机构名称。5.其他我不想解释太多，舆论和谣言太可怕，你们爱怎么说都可以但请不要攻击我的家人，我们也是纳税人挣自己该挣的花自己该花的碍着你们了吗？

本图由文字转图片工具 长微博【changweibo.com】自动生成

2011年6月22日至24日，网友对其持续进行“人肉搜索”，通过此前的各种报道，证明存在中国商业系统红十字会，接着查出与中国商业系统红十字会有千丝万缕联系的深圳天略集团。天略集团的董事长邱振良被怀疑与郭美美有关，传闻或为继父，或是包养。更有网民指出，中国商业系统红十字会指定深圳天略集团进行劝募，善款予以分成。

2011年6月24日，中国红十字会、中国商业系统红十字会、深圳天略集团三份声明同时出现在中国红十字会的官方网站上，均否认与郭美美有关。其中，中国红十字会的声明措辞更加严厉，称已向公安机关报案，并决定启用法律程序，“对今后继续恶意炒作此事的单位和个人，我会将保留进

一步追究其法律责任的权利”。①

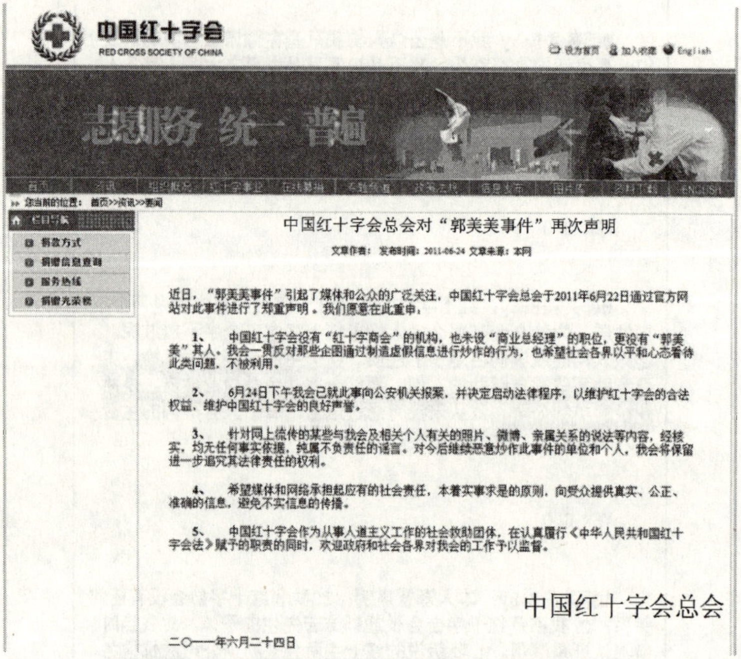

中国红十字会总会对“郭美美事件”再次声明

文章作者：发布时间：2011-06-24 文章来源：本网

近日，“郭美美事件”引起了媒体和公众的广泛关注，中国红十字会总会于2011年6月22日通过官方网站对此事件进行了郑重声明。我们愿意在此重申：

1、 中国红十字会没有“红十字商会”的机构，也未设“商业总经理”的职位，更没有“郭美美”其人。我会一贯反对那些企图通过制造虚假信息进行炒作的行为，也希望社会各界以平和心态看待此类问题，不被利用。

2、 6月24日下午我会已就此事向公安机关报案，并决定启动法律程序，以维护红十字会的合法权益，维护中国红十字会的良好声誉。

3、 针对网上流传的某些与我会及相关个人有关的照片、微博、亲属关系的说法等内容，经核实，均无任何事实依据，纯属不负责任的谣言。对今后继续恶意炒作此事件的单位和个人，我会将保留进一步追究其法律责任的权利。

4、 希望媒体和网络承担起应有的社会责任，本着实事求是的原则，向受众提供真实、公正、准确的信息，避免不实信息的传播。

5、 中国红十字会作为从事人道主义工作的社会救助团体，在认真履行《中华人民共和国红十字会法》赋予的职责的同时，欢迎政府和社会各界对我会的工作予以监督。

中国红十字会总会

二〇一一年六月二十四日

图片来源：中国红十字会官方网站②

2011 年 6 月 24 日，新浪微博用户“医者的天空”发布信息，称照片中男子并非郭长江，而是自己，并在随后的微博信息中介绍了其所戴手表亦非“百达翡丽”。

2011 年 6 月 26 日，郭美美连发 3 条微博致歉，并称“中国红十字会商业总经理”是自己出于无知杜撰的身份。同晚，有网民发布信息称郭美美的母亲正在搬家，郭美美将从深圳飞回北京的消息。

2011 年 6 月 27 日，又有人在微博上发布信息，声称郭美美近日准备和她母亲外逃至澳大利亚，更有网民呼吁致电澳大利亚使馆要求使馆停办郭美

① 《天略控股集团有限公司的严正声明》，http：//www. redcross. org. cn/zx/yw/201106/t20110624 _ 42620. html

《中国商业系统红十字会关于“郭美美事件”的严正声明》，http：//www. redcross. org. cn/zx/yw/201106/t20110624 _ 42621. html

《中国红十字会总会对“郭美美事件”再次声明》，http：//www. redcross. org. cn/zx/yw/201106/t20110624 _ 42622. html

② 《中国红十字会总会对“郭美美事件”再次声明》，http：//www. redcross. org. cn/zx/yw/201106/t20110624 _ 42622. html

美的赴澳签证。此外，北京王鼎市场营销咨询有限公司、中红博爱资产管理公司等企业也随着网民人肉搜索的进程进入到公众视野，各种流言开始出现。

2011年6月27日，《人民日报》发表评论文章《公众善心“伤不起”》。文章指出，“一定意义上说，‘郭美美’只是一个引爆点，触发了许多人郁积的对慈善机构的不信任乃至不满”，“红十字会这样的公益机构，没有隐私可言，恰恰相反，如果仅有‘声明’而无法‘证明’，仅有辟谣而没有自省、改进，就可能引起更大的失信”。

2011年6月28日下午，中国红十字会召开新闻发布会，回应郭美美事件。重复否认郭美美与红十字会有关等信息，并称不存在贪污腐败、假公济私和小金库等问题。但新闻发布会只允许人民日报、新华社、中央电视台等六家媒体进入，更多的媒体无法进入会场，只在发布会结束后才得到采访机会，故此次发布会又被媒体和网民称为“秘密发布会”。

2011年6月29日晚，有记者证实，北京警方已对郭美美事件正式立案，属于治安事件调查范畴。对此，有网友调侃道，“这就是郭美美，毫不利己专门利人，一心反腐全情投入。谁是我们心目中最可爱的人？这就是我们最可爱的人。新长征突击手、三八红旗手、感动中国年度大奖、春节晚会零点报时，这些荣耀时刻的人选，我们无需选择。为了她，我们应该再申办亚运会奥运会世博会，所有的开幕火炬手也只能是她。”

2011年7月1日，中国红十字会发表声明称，邀请审计机构对中国商业系统红十字会成立以来的财务收支进行审计，并商请中国商业联合会成立调查组，调查媒体所反映的中国商业系统红十字会运作方式问题，并将及时向社会公布审计和调查结果。在此之前，暂停中国商业系统红十字会的一切活动。

2011年7月3日，中红博爱资产管理有限公司首席执行官翁涛在其新浪微博上指出，郭美美正是中红博爱前董事王军的新识女友，并在《新京报》7月4日的采访中表明，郭美美炫富的名车是王军名下的。翁涛猜测，可能是王军曾开玩笑许诺让郭美美在中红博爱担任职务，导致郭美美将新浪微博身份认证改为“中国红十字会商业总经理”。王军已于6月26日辞职。

2011年7月4日，中国红十字会开通新华网微博、新浪微博、腾讯微博，发布文章“中国红十字会秘书长王汝鹏答博友问”，但微博网友反响不佳。有网友表示，玛莎拉蒂不是奢侈品，爱马仕不是奢侈品，百达翡丽也不是奢侈品，真相才是真正的奢侈品！

2011年7月5日，郭美美微博发言，否认王军是自己的男朋友，“我男友是1986年的，并非网上传言的那些人，整容女的照片也不是我。希望某些人不要再凭空捏造事情扭曲事实。”

2011年7月7日，北京警方回应，北京市公安局东城分局北新桥派出所接受报案后，经依法开展工作，现查明，郭美美及其母与中国红十字总会无直接关联。据警方通报，郭美美称“是今年3月份在与深圳商人王某交谈中，知道了王某与商业系统红十字会相关单位的合作意向。后郭美美认为原来在微博上注册认证的‘主持人、演员’身份层次较低，为满足其炫耀心理，于5月自行杜撰了‘中国红十字会商业总经理’身份，提交微博网站审核通过并加‘V’认证。”

2011年8月3日，在郭美美事件暂告一段落之后，郭美美和其母郭登峰竟出人意料的做客第一财经《解码财商》，接受郎咸平独家专访。郭美美在接受采访时表示，中红博爱股东王军是其“干爸”，而王军则是深圳的地产商人，豪车玛莎拉蒂正是由王军赠送，爱马仕包除了一个是其母亲的真品以外，其余均为假货。此言一出，又引起了网上舆论的一片哗然，而经济学家郎咸平也因此陷入了舆论漩涡，网民传言其收受了郭美美“干爸”王军的200万好处费，郎咸平被网民嘲讽为“晚节不保”。之后，郭美美进军娱乐圈。

二、回应对比

<table>
<tr><th>时间</th><th>网民关注</th><th>官方回应</th><th>当事人回应</th><th>其他回应</th></tr>
<tr><td>事件首度曝光
2011年6月21日</td><td>1. 网友对郭美美进行人肉搜索
2. 质疑郭美美是中国红十字会副会长郭长江的女儿</td><td>——</td><td>——</td><td>——</td></tr>
<tr><td>事发第二天
2011年6月22日</td><td rowspan="2">1. 追问中国商业系统红十字会与深圳天略集团的联系
2. 怀疑天略集团董事长邱振良与郭美美的关系，网传或为继父，或是包养</td><td>中国红十字会在官网发文，声明与郭美美无关</td><td>郭美美微博回应，称自己与红十字会无关</td><td>新浪取消了郭美美的实名认证</td></tr>
<tr><td>事发第三天
2011年6月23日</td><td>——</td><td>——</td><td>——</td></tr>
</table>

续表

<table>
<tr><th>时间</th><th>网民关注</th><th>官方回应</th><th>当事人回应</th><th>其他回应</th></tr>
<tr><td>事发第四天
2011 年 6 月 24 日</td><td>“汽车中国市场总监”郭子豪因有中国红十字会工作证照片，并与郭美美有过微博交流，被怀疑为副会长郭长江之子。后郭子豪辟谣</td><td>中国红十字会再次在官网发文声明与郭美美无关，遣词严厉，称已向公安机关报案</td><td>——</td><td>中国商业系统红十字会、深圳天略集团同时在红十字会官网发文，声明与郭美美无关</td></tr>
<tr><td>事发第五天
2011 年 6 月 25 日</td><td rowspan="2">1. 追问中国商业系统红十字会与北京天略盛世拍卖有限公司、北京王鼎市场营销咨询有限公司、北京中谋智国广告公司等数家公司的关系
2. 疯传“郭美美正搬家，将从深圳返回北京”的消息，公布了航班详情
3. 有网民称：“机场附近 30 公里屏蔽了信号”
4. 新浪微博用户“中国一洞”发起名为“你对中国红十字会的信任度有多高?”的投票，18 小时内有 82544 位网民参与。其中，投信任度 0%的高达 63975 人，占比高达 78%</td><td>——</td><td>——</td><td>——</td></tr>
<tr><td>事发第六天
2011 年 6 月 26 日</td><td>——</td><td>郭美美微博道歉，称“中国红十字会商业总经理”是自己出于无知杜撰的身份</td><td>——</td></tr>
<tr><td>事发第七天
2011 年 6 月 27 日</td><td rowspan="2">1. 新浪微博用户“抑制呼吸”发布信息，声称郭美美近日准备和她母亲外逃澳大利亚，信息短时间内即被转发 6000 多次，甚至传出郭美美的签证照片（后被证明是假的）
2. 网民呼吁致电澳大利亚使馆要求使馆停办郭美美的赴澳签证</td><td>——</td><td>——</td><td>《人民日报》发表评论文章“公众善心‘伤不起’”</td></tr>
<tr><td>事发第八天
2011 年 6 月 28 日</td><td>中国红十字会召开新闻发布会，继续否认郭美美与其有关</td><td>——</td><td>——</td></tr>
<tr><td>事发第九天
2011 年 6 月 29 日</td><td>1. 就被立案一事，调侃郭美美是“牺牲小我”的“反腐英雄”
2. 有郭美美被刑拘的谣言传出（后被媒体辟谣）</td><td>——</td><td>——</td><td>北京警方已对郭美美事件正式立案</td></tr>
<tr><td>事发第十天
2011 年 6 月 30 日</td><td>陈丹青表示“人肉郭美美是文革遗风”，李承鹏微博反对此说法，被粉丝大量转发评论</td><td>——</td><td>——</td><td>——</td></tr>
</table>

续表

时间	网民关注	官方回应	当事人回应	其他回应
事发第十一天 2011年7月1日	持续关注郭美美被警方调查一事	中国红十字会对中国商业系统红十字会进行审计，在公布结果之前，暂停中国商业系统红十字会的一切活动	——	——
事发第十二天 2011年7月2日		——	——	——
事发第十三天 2011年7月3日		——	郭美美微博发文，希望大家原谅其无心之过	中红博爱资产管理有限公司首席执行官翁涛在其新浪微博上指出，郭美美是中红博爱前董事王军的新识女友。王军已于6月26日辞职
事发第十四天 2011年7月4日	微博网友纷纷到中国红十字会官方微博回复“还钱”等帖子内容，并恶搞其他相关图片	中国红十字会开通新华网微博、新浪微博、腾讯微博，发布“中国红十字会秘书长王汝鹏答博友问”		——
事发第十五天 2011年7月5日	网友持续追问红十字会内幕	——	郭美美微博发言，否认王军是自己的男朋友	——
事发第十六天 2011年7月6日		——	——	——
事发第十七天 2011年7月7日	网友大量转发央视主持人张泉灵、演员欧阳奋强等微博调侃“‘主持人、演员’身份层次较低”的微博	——	——	北京警方回应，称郭美美及其母与中国红十字总会无直接关联
事发第四十三天 2011年8月3日	网友热议郭美美及其母郭登峰共同做客郎咸平主持的《解码财商》节目	——	郭美美称其玛莎拉蒂豪车是由干爸王军赠送，爱马仕包除了一个是其母亲的真品以外，其余均为假货	——

三、舆情研判

据IRI监测数据显示：2011年6月21日至2011年8月3日，关于郭美美事件的新闻报道共有6291篇，网民跟帖回复量累计1262396条；相关的论坛主帖达到458篇，点击阅读量累计3866525次，跟帖评论量累计30310条；相关的博客文章高达1475篇，点击阅读量累计6422次，跟帖评论量累计581条。相关微博3285097条。可以说，郭美美事件属于重大舆情事件。

（一）舆情指数

IRI根据承办的国家社科基金重大课题（07&ZD041）子课题“网络舆情指数体系（IRI）研究”，基于I-Catch全网动态分析和网络舆情100典型网站样本分析，绘制“郭美美事件网络舆情指数趋势图”如下：

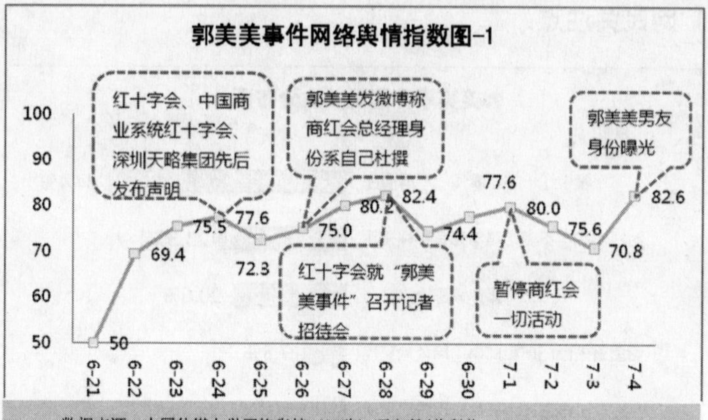

数据来源：中国传媒大学网络舆情（口碑）研究所/艾利艾（IRI） 2011.09.10

如图所示，郭美美事件自曝光之日起，就受到网民的普遍关注，网络舆情指数一直处于较高状态。身处舆情漩涡中的中国红十字会、中国商业系统红十字会、深圳天略集团以及郭美美本人的声明，以及郭美美男友身份的曝光等，不断促使舆情高涨，舆情指数出现高值。

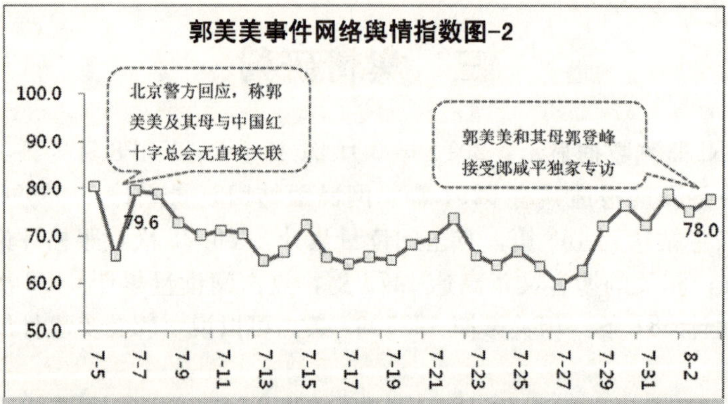

数据来源：中国传媒大学网络舆情（口碑）研究所/艾利艾咨询（IRI）2011.06.30

事件中后期，由于新的爆料数量减少，有关部门和机构也不再进行回应，整个事件热度逐渐降低，直至8月3日郭美美与其母亲一同接受郎咸平专访，舆情又反弹至高点。

（二）网民关注点

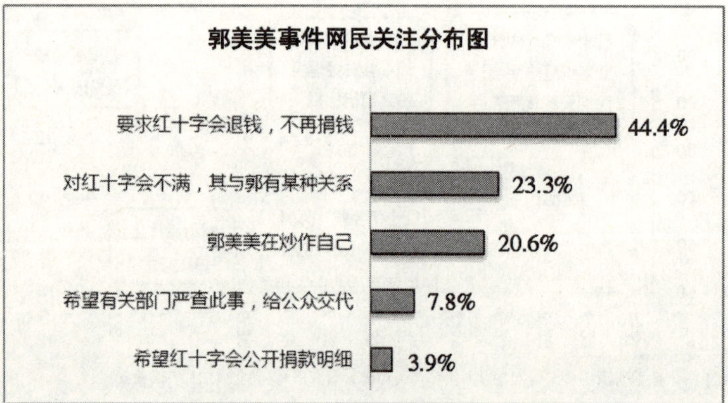

数据来源：中国传媒大学网络舆情（口碑）研究所/艾利艾咨询（IRI） 2011.09.10

郭美美事件中，网民对中国红十字会表达不满的言论占绝大多数，同时希望上级机关彻查此事。不过，即使有1/5左右的网民认同此事件系炒作，但整体来看，郭美美是否是炒作已经不再重要，中国红十字会公信力的丧失才是网络舆情风暴后大家最不愿意看到的结果。

四、舆情点评

一起个人的微博炫富事件最终致使中国红十字会遭遇了严重的信任危机，郭美美事件引发的蝴蝶效应不可小觑。

（一）引发网民高度关注的三个原因

一是炫富及财富来源不明。郭美美在微博中所展现的奢侈生活，让不少网民“羡慕嫉妒恨”，深深刺痛了网民不满贫富差距拉大以及收入再分配不公的敏感神经。而其年龄之轻与其财富之多更是形成了鲜明的对比，网民对其财富来源产生了猜测和好奇。正是在这两个因素的作用下，网民开始关注郭美美。

二是钱色交易想象。一番人肉搜索之后，网民发现郭美美属于暴富。这更加助长了网民的好奇心。年轻、美女这两大因素的刺激，让网民很容易将暴富的可能性从“富二代”转向“包二奶”。与此同时，红十字会本就已经接连遭受“万元帐篷”、“天价餐票”等事件带来的信任危机，而她与红十字会说不清、道不明的关系使得不少网民认为此事能够查到公益组织内幕。

三是社会公平诉求。郭美美事件的持续发酵，与网民们的社会公平诉求不无关系。仅举一例：6 月 24 日，有网民查出郭美美的母亲郭登峰曾以 3219 元办理了经济适用房的出让手续。一时，不少网民为之愤怒，更多的网民加入了围观行列。同样，当网络上盛传郭美美“上面有人”、“准备出逃”之时，无疑令网络上习惯性消解权威的力量爆发。

（二）网络舆论危机演化的三点特征

一是微博聚合社区人肉两者联动。郭美美事件的传播以人肉搜索见长的天涯社区与微博重镇新浪微博为主，这两大传播平台一个负责人肉搜索，一个负责热议聚合。两大平台相互交织，实现同步联动，造成了舆情的病毒式传播。事实上，2011 年重大突发事件中往往可见该传播模式的影子，这已成为一种经典传播模式。

二是质疑与恶搞为两大传播主线。郭美美事件中，一方面网民不停的质疑和挖掘新的事实，另一方面，网民又在利用经典情节和话语进行各种调侃、讽刺乃至恶搞。可以说，一方面质疑，一方面恶搞已经成为了 2011 年重大突发事件最重要的两条传播主线，在郭美美事件中也尤为突出。郭美美事件中，随着“内幕”不断披露，各种创作不断更新，段子层出不穷，恶搞极大地增强了事件的娱乐性和吸引力，使得舆情度不断升温。

三是围观媒体及网民目的各不同。郭美美事件吸引了大量网民强力围观。第一，部分记者出于新闻卖点的考虑进行了过度报道，或者在明知传闻与事实不符的情况下依然做出虚假报道。例如，在关于郭美美母女将要出逃的消息已经被证伪之后，依然有媒体予以报道；第二，网络水军时隐时现。例如，杨澜在卷入郭美美事件之后，紧接着就迭次传出了“诈捐门”、“退演门”、“代言门”等丑闻，在其丈夫吴征的微博上更是出现了极为明显的水军痕迹，给当事人带来了很大的被动与困扰；第三，个别网民造谣传谣混淆视听。郭美美事件当中，出现了大量的造假现象，如假冒郭长江注册新浪微博、假借红十字商会名义开餐饮发票、假造郭美美的护照等相关照片、假装自己因爆料遭到追杀……诸如此类，不一而足。这些造假，或是出于推动事情发展的目的、或是出于抹黑个别组织或个人的目的、或是出于谋求经济利益的目的。

（三）红十字会应对的四点失误

一是回应态度失当：郭美美事件之所以能在网上被网民及媒体持续关注这么久，舆论对红十字会产生了如此多的质疑，最本质原因就是红十字会回应的态度问题。从历次红十字会在回应过程中的态度及措辞，诚如《人民日报》所说，“仅有‘声明’而无法‘证明’”，且回应措辞逐渐严厉，如第二次声明中的“对今后继续恶意炒作此事的单位和个人，我会将保留进一步追究其法律责任的权利”，这显然不是与媒体或网民进行沟通的姿态。无数次的重大突发事件证明，积极承认错误、勇于承担责任、敢于诚恳道歉才是化解网络舆情危机的态度和原则，网络舆论才会很快平息。反之，网民会不断的人肉挖掘更多的事实去质疑政府部门工作，制造更多的事件和危机，使政府部门公信力严重下降，相关领导问责也随之而来。

二是回应速度较慢，内容缺乏针对性：从郭美美事件发生到红十字会开新闻发布会，中间间隔 7 天，网民最为关注的问题没有得到及时澄清，任由网络舆论发酵，任由网民通过种种线索人肉寻求真相，回应不及时令网络舆论负面情绪不断累积，产生了无数的质疑和更多的负面信息。针对媒体和网民层出不穷的疑问，红十字会的回应内容缺乏针对性和多元性，如“郭美美的财富来源”、“郭美美、中国商业系统红十字会和北京王鼎市场营销咨询有限公司的关系”等问题，均未得到答复，红十字会无论如何回应，都仅有“郭美美与红十字会无关”一个答案，措辞单一严厉冷漠，无法令网民信服和接受。

三是新闻发布会没有起到信息公开的作用：2011年6月28日下午，红十字会就郭美美事件召开新闻发布会，但仅允许六家媒体进入会场，这场发布会遂被多篇报道称为“秘密发布会”。发布会本应是红十字会回应事件的有效手段之一，但“秘密发布会”不但无助信息公开，反而更添舆论质疑。

四是微博回应缺失：在郭美美事件发生14天后，红十字会终于开通官方微博，时间上首先失了先机；而后，官方微博前三条内容，全部是红十字会的历史，第四条才给出一篇《中国红十字会秘书长王汝鹏答博友问》的博客链接，相当于在微博层面没有给出任何对郭美美事件的回应，这种不诚恳甚至有些官僚的态度没能平息网民负面情绪；第三，对微博网民质疑及关注基本无回复。截至9月14日，中国红十字总会共发布49条微博，其中没有一条是回复网友的内容。

关联阅读

2011年4月15日，西南民族大学教授肖雪慧在微博上发了一条红十字会餐饮发票的照片，因照片上显示付款单位是“上海市卢湾区红十字会”，消费金额为9859元而引发众多网民关注，此事也被网民赋予“万元餐费”之名。经过调查，上海市红十字会认定此事属严重违规行为，卢湾区红十字会受到通报批评处分，同时责成其退回全部超标款项。

2011年6月13日，新华网报道“中非希望工程将在10年内为非洲捐建1000所希望小学”的消息后，有网民发现一名年仅24岁的网民卢星宇的微博认证信息为“全球华商未来领袖俱乐部秘书长、中非希望工程执行主席兼秘书长”，由此，既郭美美之后，卢美美诞生。此后，中非希望工程引发蝴蝶效应，在网络上掀起多轮争议和讨论，名人杨澜、卢美美父亲卢俊卿均被卷入其中。同时，也让中国的慈善事业雪上加霜。

2011年9月1日，《南方周末》报道了河南宋庆龄基金会在运作过程中存在利用善款炒豪宅、放贷及公益项目缩水等诸多问题，一时引发广泛关注。同时，河南宋基会在资产规模、捐款收入上连续三年位列基金会中心网的榜首，但其用于公益的支出却未达到国家规定的“不低于上一年总收入的70%”也受到质疑。9月3日，中国宋庆龄基金会表示与河南宋基会并无隶属关系。

2011年11月初，河南宋基会被曝出花费4亿资金在郑州建24米高的宋庆龄雕像而引发网络热议。针对其资金来源，为何建巨幅雕像网民普遍存疑。随后河南宋基会回应称资金乃企业资助，且雕像非宋庆龄，乃是黄河女儿，但此后被雕像的原作者揭穿。同时，该项目被曝出“手续不全、未经审批”等不合法之处，这让河南宋基会受到更广泛的质疑。

随着中国经济的高速发展，公益慈善事业成为近年来最受公众关注的领域之一。发展公益慈善事业，是提高国民素质、缓解社会矛盾、促进社会和谐的有效途径，也是建设和谐社会的内在要求。但是今年以来，先后发生的上海红十字会“万元餐费”、中非希望工程“卢美美”事件、河南宋庆龄基金会“善款放贷”及“巨资立雕像”等一系列热点事件将公益慈善事业推到了舆论的风口浪尖，引发了巨大的争议，民众对公益慈善的信任度几乎降至“冰点”。面对这种困境，有观点认为慈善事业目前遭受到了重大挫折，但如果换一个角度看问题，公众的质疑恰恰是慈善进步的重要源泉，公益慈善机构在质疑声中明白了慈善组织的公开透明是立身之本，大家开始知道慈善组织的投资行为，也认识到立法与管理滞后会阻碍行善，公共管理行为亟须调整等，慈善领域内的现代公共道德标准得以基本确立起来。

郭美美事件中的网民恶搞

（一）“谷歌收购摩托罗拉”商标别样解读

2011年8月15日，谷歌宣布收购摩托罗拉，网友特制作此商标，并将此意思解读为：“郭美美挂了，还有他妈”。

（二）央视主持张泉灵的微博经典语录

我觉得郭美美同学和雷公电母有惊人相似之处：①能量无穷。②总在你认为不可能的时候突然出现。③具有惊人的毁灭力量，红十字没人捐了，爱马仕没人背了，现在她又迅雷不及掩耳地毁掉了“干爹”这个词。

微博开房局长事件

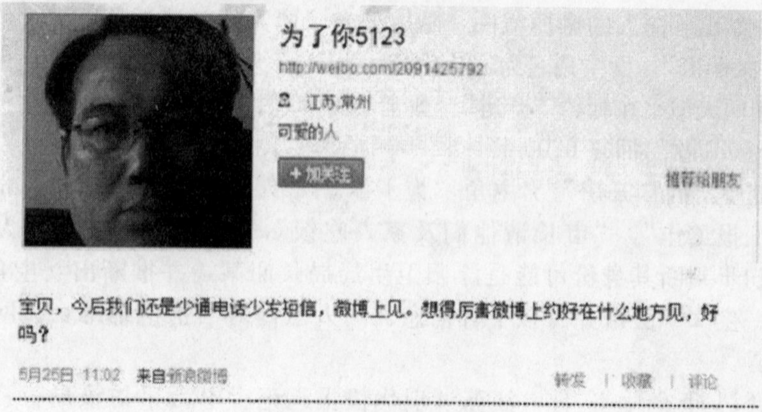

图片来源：新浪微博

2011年6月20日，误将微博这一开放式交流工具当作QQ私密聊天工具，在微博上大肆调情并相约开房见面，江苏溧阳卫生局局长谢某与情人张某的微博对话被截图曝光之后，引发众多网友竞相围观、调侃及人肉，并于次日被当地媒体进行了报道。因事件本身娱乐化效果明显，网民参与热情极高，大量出自网友之手的恶搞段子及视频频出，网络舆情影响由此扩大。事发次日上午溧阳市纪委介入调查，下午谢某即遭停职检查。第三天，谢某的市卫生局局长等职务被撤。

一、进程实录

2011年6月20日下午15点07分，网友“小马甲1234562011”在天涯论坛发帖《在微博发现的，速来观，你懂的 关键词：领导 开房》。楼主在论坛中贴出了两人的微博截图，随后公布了两人的微博地址，男主角名为“为了你5123”，女主角名为“Y珍爱一生Y”。从打情骂俏般的对话中，网友判断两人似乎在相约“开房”。截至6月30日上午10时，该帖浏览量达到2385021次，回复6200条。

随后，因“开房”男主角“为了你5123”在微博中提到“副局长在向他汇报工作”、“市长请他们及家人吃饭”等内容，网友发起人肉搜索，初步判断其身份可能是溧阳卫生局局长谢某，并推断出女主角“Y珍爱一生Y”已婚并有孩子等信息。两人微博对话情色绵绵，让网友大呼露骨。

2011年6月20日，江苏《现代快报》记者电话采访该局长，证实男主角确实是溧阳卫生局局长谢某，并于次日以《溧阳一局长误将微博当QQ玩 发微博约会开房“自曝”隐私》为题率先报道此事。此篇报道摘录了当事局长谢某在接受采访时回答的部分“经典对白”：“我本来不懂这个，人家说现在不是发邮件要发微博了，我说什么叫微博啊?”当记者核实微博是否为该局长所发时，局长反问“你看得到我的文字吗”。这句“你看得到我的文字吗”成为了风靡一时的“局长体”，遭到网民大规模转发和模仿，其中微博意见领袖李承鹏与新周刊主编封新城二者也效仿该语气在微博上对话，“你看得到我的文字吗?”“啊，看不到啊，你写了什么?”

随即，围绕微博开房事件，各种网友恶搞视频频出，以《微博俩宝》[①]、《微博开房门之歌》[②]、《微博的毁灭，局长的愤怒》[③] 最为捧腹。其中，《微博俩宝》是以歌曲《吉祥三宝》为曲，以开房局长微博语录为词；《微博开房门之歌》是以歌曲《在那遥远的地方》为曲，网友自行填词："在那遥远的溧阳，有位好流氓，人们围观了他的微博，发现他在约情人开房……"《微博的毁灭，局长的愤怒》则是在外国电影片段的基础上，重新配上搞笑文字创作的。这些出自网友之手的各类恶搞视频，也为原本反映党政干部网络素养等严肃问题的舆情增添了许多娱乐化的效果。

虽然事件极具娱乐化效果，但因谢某在微博中透露"在上海买东西没有啊，我给你报销"、"那好，请帮我开一张：溧阳交通银行酒 6720 元"等信息，网友怀疑其涉嫌贪污腐败。因此在围观之余，网友也呼吁严惩当事人。

2011 年 6 月 21 日凌晨，溧阳市委宣传部在溧阳论坛上发布了关于此事的回复。回复称，本着对网民和干部负责的态度，正根据帖文中反映的情况对有关当事人进行核实了解。溧阳市纪委将积极介入调查。

2011 年 6 月 21 日下午，当地主管部门作出第二轮处理：溧阳市委召开常委会研究决定，对卫生局长谢某作出撤销其溧阳市第十一届党代会代表资格、停职检查、接受组织调查的处理意见。

2011 年 6 月 22 日下午，中共溧阳市委召开常委会，研究决定，撤销谢某溧阳市卫生局党委委员、副书记职务。同时，经溧阳市第十四届人大常委会第二十二次会议表决通过，撤销谢某市卫生局局长职务。

2011 年 6 月 23 日，溧阳市委外宣办副主任对媒体称，政府官员有情人是生活作风问题，目前市纪委工作人员将重点调查谢某的经济问题，但具体调查结果仍处于保密阶段。

---

① 网络视频《微博俩宝》，http：//v. ku6. com/show/o3JoVX0jLzEqQA－f. html

② 网络视频《微博开房门之歌》，http：//v. ku6. com/show/rcNzU9x _ XDu5uctx. html

③ 网络视频《微博的毁灭，局长的愤怒》，http：//v. ku6. com/show/sBl1drMILlEk7cpI. html

二、回应对比

时间	网民关注	官方回应
事件首度曝光 2011年6月20日	1. 微博对话遭网友截图，并曝光于论坛 2. 网友竞相围观调侃，人肉搜索当事人 3. 媒体记者电话采访，证实局长身份	——
事发第二日 2011年6月21日	1. 网友自创的流行语、恶搞段子、视频等流行于网络，增添事件娱乐化效果 2. 因两人微博对话中有“开单报销”等内容，网友怀疑当事人涉嫌贪污腐败 3. 官员开房触及道德底线，且涉嫌“公款泡妞”，网友呼吁严惩当事人 4. 竟错把微博当成QQ，网友建议培养官员互联网意识，强化官员微博管理	1. 上午当地纪委介入调查 2. 下午，撤销谢某党代会代表资格，并停职检查
事发第三日 2011年6月22日		3. 撤销谢某溧阳市卫生局党委委员、副书记职务；撤销谢某市卫生局局长职务
事发第四日 2011年6月23日	1. 人肉搜索微博开房事件女主角 2. 部分网友呼吁隐私保护，克制“人肉搜索”，放过女主角 3. 同情“开房局长”谢某遭遇，认为其腐败金额较少，虽个人私德不高，但与情人之间系真情互动，“罪”不至此	重点调查谢某的经济问题，但尚未对外公布调查结果

三、舆情研判

江苏溧阳“微博开房”局长事件，引发网民极大关注。据IRI监测数据显示：2011年6月20日至6月28日，该事件共引发相关新闻1694篇，网民评论104679条，涉及网站217家。因该事件最早由论坛爆出，相关论坛主帖470个，网民回复7907条；相关博客文章258篇，回复87条；相关微博86993条。

（一）舆情指数

IRI根据承办的国家社科基金重大课题（07&ZD041）子课题“网络舆情指数体系（IRI）研究”，基于I-Catch全网动态分析和网络舆情100典型网站样本分析，绘制“江苏溧阳‘微博开房’局长事件网络舆情指数趋势图”如下：

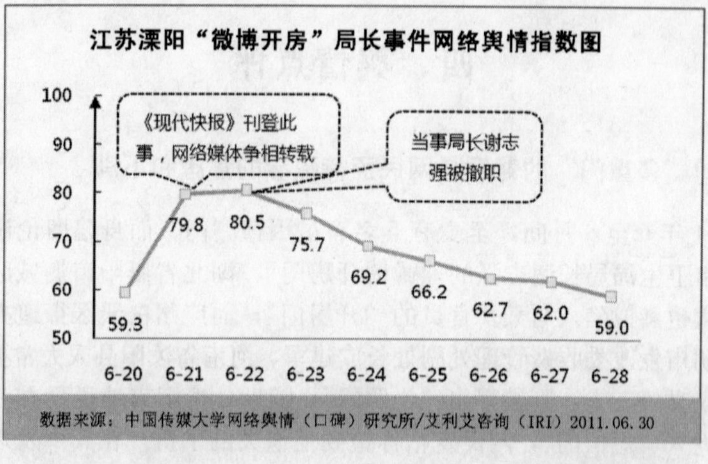

如图所示，2011 年 6 月 22 日是一个分水岭。江苏溧阳卫生局长“微博开房”事件的舆情指数大致可分为两个阶段，一个是 6 月 22 日之前的舆情指数快速上升阶段，一个是 6 月 22 日之后的舆情热度迅速降温阶段。其中，舆情指数的上升是因为 6 月 20 日有网友发现该局长及情人两人在微博聊天开房，遂在论坛里“号召”众网友围观，第二天《现代快报》发表了对当事人的深度采访报道，引发网络媒体大量转载，致使网络舆情高涨。6 月 22 日后网络舆情指数迅速下降，分析个中原因发现，这与当地政府部门对此事件进行的快速处置、及时问责有着密不可分的关系。因为当事人卫生局长谢某在事件曝光的第二天即被停职查办，这在客观上起到了较大的缓和网络舆情的作用。

（二）网民关注点

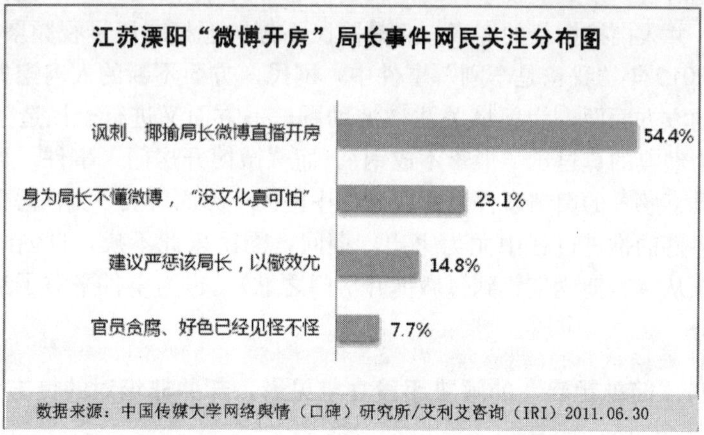

四、舆情点评

（一）“多重门”的背后是网民亟待疏导的焦虑和不满

2011年6至8月间，至少有6名官员因撞“门”而身陷舆论漩涡。除了溧阳市卫生局局长谢志强的“微博开房门”，湖北省襄阳市樊城区法院院长范海涛也疑似陷入与某女官员的“开房门”；而广州白云区街道办主任刘宁、昆明市发改委收费管理处副处长成建军、河南省汝阳县人大常委会党组成员田汉文等三人，则被曝出“艳照门”；随后，贵阳市地税局办公室主任王先贵卷入“短信门”，网民发帖称捡到他遗失的手机，在其中发现了他与情妇的激情短信记录。

官员们暴露于网络环境下的各色“门”事件，以及其他与官员、政府部门相关的负面信息，均成为网民乐此不疲的谈资。除了事件信息本身，由官员们随心所欲的言论演化而来的网络流行语、网民自创的种种恶搞段子、视频等，令话题变得更加发散，不利于对舆情的掌控和引导。

网民乐于关注涉官负面信息、仇官仇富情绪的背后，实际上隐藏着公众对于整个社会的焦虑不安甚至是不满。相关部门在舆论应对引导中，应重视网民的这种情绪，仔细研判，使舆论回应“投”网民所“疑问”、所“担忧”，才能切实达到效果。

（二）一方面质疑一方面恶搞，两主线成危机演化常态

微博时代，重大突发事件的网络舆情通常具有两条主线，一是网民不停的质疑，并人肉挖掘新的实事；二是网民不停的恶搞，段子视频屡出不穷。譬如在2010年“我爸是李刚”事件中，网民一方面不断的人肉挖掘李刚存有问题的方方面面，为舆情关注推波助澜；一方面又进行全民造句式的恶搞，最为经典的莫过于“恨爹不成钢”。而“微博开房门”事件，被网民堪称“最具喜感”的舆情事件。此次事件中网民一方面质疑一方面恶搞，两条主线在事件的推进过程中尤为突出。期间，网民乐此不疲，自创的恶搞段子、视频从《微博俩宝》到《微博开房门之歌》，也为事件平添了诸多“喜剧”成分。

（三）“简单粗暴”的解决手段立竿见影，却并非绝对的良方

这6桩不同“门”事件的当事人，都接受了调查，其中3人被免职。相

关政府部门直面问题、不回避、不推脱的态度，一定程度化解了危机，得到了网民认可。但是从此类事件中相关政府部门的解决方式来看，急于平息舆情所采取的短暂调查后停职等手段，过于“简单粗暴”，虎头蛇尾。

比如，“微博开房门”曝光次日，溧阳当地纪委便介入调查，当事人谢某被停职。对此事的快速调查和处置，使得网络舆情快速降温。但直到三个月后的 9 月末，当地政府也未对外公布调查结果。

网民对相关政府部门在舆论的风口浪尖之时，颇似权宜之计的处置手段并未全然接受。网民希望问题官员能够接受彻底的调查，若问题属实必须严惩，担心随着舆情渐渐平稳，对官员的问责也会不了了之。特别是在媒体爆出一系列“问责官员停职后闪电复出”的消息后，网民更对政府部门的问责机制缺乏信任，猜测今日撤职，明日是否会“换岗复出”。

因此，面对同类涉官负面信息，面对网民的极度不信任，政府部门既要快速表明立场、采取措施，又要选择具有说服力的处置手段，保证信息公开透明且有始有终，使网民心服口服。

（四）网络素养应该成为官员必修课

“微博开房”虽因局长不懂微博而起，暴露出当下党政干部群体网络素养良莠不齐的现状。如今的网络媒体时代，党政干部不仅要懂网，更要学会如何用网。如何适应网络化生存，应该受到各级政府和官员的重视，唯有如此才能避免官员“丑闻”，避免损害党员干部在人们心目中的形象。

以微博为例，它不仅是网民好玩的网络工具，也是重要的沟通交流平台，重视并学习这一工具，是党政干部提升执政能力的当务之急，也是新闻发言人等经常需要面对公众的人员必须提上日程的。部分政府部门已经专门针对微博开办学习班，如 2011 年 4 月，浙江省委党校为 204 名厅级和处级官员开设《微博与领导工作》的必修课；北京市委党校开办《新兴信息平台——博客与微博的使用》的课程等等。

（五）官员自身道德修养的提高才是解决问题的根本

不论是对溧阳“微博开房门”，还是对其他由网络爆料出料的官员丑闻门事件的反思，我们首先想到的都是如何去应对网络环境下的舆论，如何学习了解网络工具的应用，以规避类似的风险。却忽略了，事情的根源在于我们的官员本身。如果根本就不存在违纪行为，又有何爆料可言。

尽管大多数官员并不是官方指定的新闻发言人，但在百姓和网民的眼中，任何一名官员甚至是政府部门的普通工作人员，都是政府的代言人，代表着相关政府部门的形象和立场。而在信息日趋公开的网络时代，作为社会公众人物的官员干部们，无疑于毫无保留地暴露在公众面前，经受着比以往严格数倍的考验，特别是来自普通百姓和网民的监督。所以官员门在工作和生活中更要谨言慎行，提高自身的道德修养及责任意识，从根本上杜绝“丑闻”的产生。

关联阅读

2011年6月，有网民通过微博、论坛等形式爆料称，广州白云区新市街道办事处主任刘宁出现“艳照门”，并随帖附带5张“裸聊”照片。随后记者采访时，刘宁称已向组织汇报，具体情况“应该向组织了解”。

2011年7月31日，一条题为“捡到U盘，疑似昆明发改委官员艳照视频，请纪委收货”的帖子在百度贴吧、天涯论坛和昆明信息港彩龙论坛等网站上疯传，该帖还附带了3张“不雅照”，引发围观。有网民指出照片中“男1号”系昆明发改委官员成建军。据警方调查，成建军参与聚众淫乱，被人以艳照敲诈。

2011年11月19日22时33分，网民“夜紫五”在百度贴吧发布了题为《史上最牛总编寂寞了想你怎么办？有图有真相》的帖子，并公布了数张QQ裸聊记录截图。后经证实，当事人为四川资阳市雁江区地方志办公室副总编辑王某，事后被停职，当地区委宣传部、区纪委等多个部门已组成联合调查组介入调查。

2011年，溧阳卫生局长微博开房门、广州白云区街道办主任“艳照门”、昆明发改委官员“艳照门”及四川资阳市雁江区副总编“裸聊门”等官员不当言行在自媒体曝光下，成为影响地方形象的丑闻，引发网民围观。同时，此类事件最后也会演变成民众对公权力的质疑与审判。互联网时代下，网络监督对改进干部的言行和工作作风，起到了传统媒体无法取代的作用。从某种意义上讲，各级干部怎样对待网络监督，是否主动利用网络了解民情，是否真诚接受网络舆论的监督，积极促进线下热点、难点、焦点等问题的解决，以保障决策科学性、民众维权顺畅性，已成为领导干部提高网络素养的重要内容。

广东增城群体性事件

图片来源:新浪微博@mou广州①

2011年6月10日，广东增城市新塘镇大敦村一名孕妇与其丈夫占道经营，与村治保会工作人员发生冲突，部分围观人员起哄，局面一度失控。随后，互联网上关于“孕妇被治保队打死”、“孕妇老公被打死”等谣言通过微博、论坛等方式迅速传播，事态进一步扩散。6月11日晚，村里发生聚众滋事事件，造成交通堵塞，多辆车辆被损坏。6月13日，武警、特警进入新塘，局势得到控制。7月14日，增城人民法院对事件5名被告人宣判。其中，被告人陈某因发微博传谣，行为构成煽动暴力抗拒法律实施罪，获刑一年半。

① 该图片来自网友新浪微博，其微博地址为 http：//weibo. com/u/2161820185

一、进程实录

2011年6月10日晚，广东增城大敦村一商铺门口，孕妇王联梅（20岁，四川籍）与丈夫唐学才（28岁，四川籍）摆地摊。因通道受阻，大敦村治保会工作人员对其违章行为进行劝离，后双方发生肢体冲突，孕妇王联梅倒在地上①。孕妇的倒地，对此事最终演变成群体性事件起到了催化作用。

2011年6月10日晚22时35分许，围观人群中的滋事者不断起哄，坚决阻挠孕妇在民警和镇政府领导指挥下上救护车，个别人员还向现场的政府机关工作人员以及救护车、警车等投掷矿泉水瓶和砖块，导致3辆警车、1辆救护车以及多辆私家车被砸烧。

2011年6月11日凌晨1时许，事件初步得到平息，但此后又有人向正在清理现场的民警投掷石块、砖块、玻璃瓶等硬物，警方将现场带头闹事的25名滋事人员带回调查。此时，互联网上关于"孕妇被治保队活活打死"、"孕妇老公被活活打死"等谣言通过微博、QQ群、论坛等方式迅速传播，对群体性事件的发生又起到了进一步的催化作用。

2011年6月11日上午起，几百人聚集在大敦村派出所，开始向派出所投掷砖块等硬物，要求惩办"打死人"的治保员，后又聚集到大敦村治保队办公楼及村委会，实施砸楼、放火、烧车等破坏性行为。据警方通报称，现场围观人员一度达到1000余人，部分不法分子损坏车辆、银行柜员机，袭击公安民警。其间，警方通过大喇叭等方式告知聚集人员"昨晚没有人死"，但仍未说服对方。②

---

① 关于事件细节的叙述，可详见广州市政府6月12日的新闻发布会通报。南方日报，《广州增城通报聚众滋事事件》，http：//news. sina. com. cn/c/2011－06－13/081922630313. shtml

② 东方早报，http：//news. sina. com. cn/c/2011－06－20/085822671393. shtml

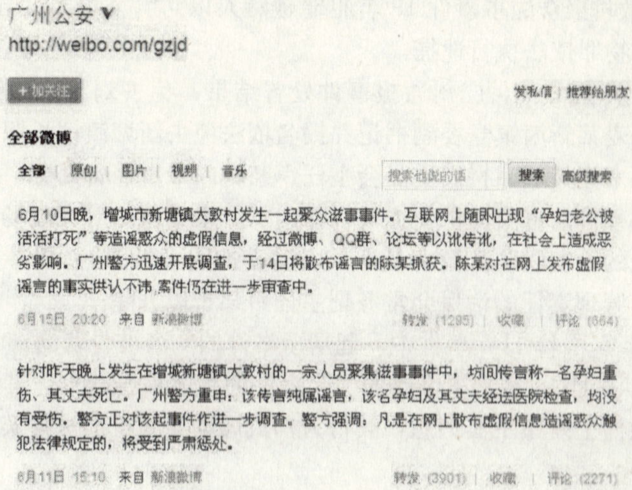

2011 年 6 月 11 日，针对网上谣言，广州公安局官方微博三次澄清：事件中的孕妇及其丈夫经送医院检查，均没有受伤。转发和评论量上千。

2011 年 6 月 12 日上午，广州市政府新闻办召开新闻发布会，增城市市长通报了增城新塘镇大敦村因个别群众与治保人员纠纷引发群众聚众滋事的有关情况和善后结果，并要求市民“不要围观，不要轻信谣言，不要传播谣言，更不要被少数人迷惑”。孕妇王联梅的丈夫唐学才也现身发布会现场，拿着手上的一张小纸条念了一段话：“我们都很好，我老婆和腹中的胎儿都没事，母女平安。”发布会还播放了一段增城市委领导去医院看望修养中的王联梅的视频。①

2011 年 6 月 12 日晚，事态继续发展，人群继续向 107 国道聚集，不但砸烧警车，还将砖头砸向过路社会车辆。据称，人群甚至想冲击大敦村 5 公里外的太阳城加油站，经加油站工作员工“苦求”才作罢。

2011 年 6 月 13 日，武警、特警进入新塘，局势得到控制。

2011 年 6 月 15 日，广州公安局官方微博发布消息称，新塘事件中“孕妇及老公被活活打死”谣言散布者陈某被抓获，陈某对在网上发布虚假谣言的事实供认不讳。

2011 年 6 月 16 日，广东增城市政府通报称，经检察机关批准，分别对

① 发布会具体详情可参见搜狐视频，《广州增城市政府召开 6·11 事件新闻发布会》，http://tv.sohu.com/20110612/n309959214.shtml。相关新闻报道可参见：南方都市报，《广东增城市长称将进户说明聚众滋事事件真相》，http://news.sina.com.cn/c/2011－06－13/060422629739.shtml

“6.11”大敦村聚众滋事事件19名犯罪嫌疑人以妨害公务罪、寻衅滋事罪、故意破坏财物罪依法执行逮捕。

2011年7月7日，广州通报事件处置结果：免去刘某新塘镇党委书记职务，免去麦某新塘镇党委副书记并提名依法免去新塘镇镇长职务；给予大敦村党支部书记吴某、村民委员会主任卢某党内严重警告处分。增城市有关部门对引发事件的有关治保会人员也作出了严肃处理，对在现场与王联梅夫妇拉扯争执的治安联防队员卢某，予以治安拘留10天的处罚并作出开除处理；对负有管理责任的治保会常务副主任卢某予以开除①。

2011年7月11日，事件中5起刑事案件的6名被告获刑。

2011年7月14日，事件中的两起案件的5名被告获刑。其中，被告人陈某因在微博上发布不实消息，其行为构成煽动暴力抗拒法律实施罪。

二、回应对比

时间	网民关注	官方回应
事发第一天 6月11日	1. 关注事件原因 2. 官方通报中的“劝离”一说是否属实 3. 事件中孕妇及其丈夫是否伤亡	1. 警方通报称：聚众事件得到控制；原因系治保人员对违章行为进行劝离；王联梅夫妇没有受伤 2. 广州市公安局官方微博（@广州公安）中两次重申王联梅夫妇没有受伤
事发第二天 6月12日	1. 关注事态发展 2. 网传事件缘于本地人与外地人冲突 3. 孕妇及其丈夫究竟是否伤亡 4. 唐学才在发布会上念稿，是否另有隐情，“母女平安”之说是否意味孕妇早产 5. 通报中称“无人伤亡”，为何10日晚要出动救护车	1. 市政府开新闻发布会，通报事件有关情况和善后结果 2. 唐学才现身发布会现场，表示一家平安 3. 发布会上播放市委领导去医院看望王联梅的视频
事发第三天 6月13日	1. 持续关注事件中是否有人伤亡 2. 家属为何念稿通报	无通报，武警、特警进入新塘

① 广州日报，《广州通报增城聚众滋事事件，新塘书记镇长被免职》，http://news.ifeng.com/mainland/detail_2011_07/08/7569041_0.shtml

续表

时间	网民关注	官方回应
事发第五天 6 月 15 日	持续关注事件处理进展	1. 广州市公安局官方微博发布消息：谣言散布者已被抓获 2. 干部下基层，向群众说明真相
事发第六天 6 月 16 日	增城市政府通报有自相矛盾之处	广东增城市政府发布通报①
事发第二十七天 7 月 7 日	认为通报中的问责不明确，“某”字再次伤害了公众的信任	通报事件处置结果：两位官员被免职，另外六名被问责人员均以“×某”代替

三、舆情研判

据 IRI 监测数据显示：2011 年 6 月 11 日至 6 月 16 日，广东增城群体性事件共引发相关新闻 591 篇，涉及网站 125 家，网民评论 56927 条，相关论坛主帖 90 个，网民点击量 23020 次，回复 288 条；相关博客文章 45 篇，回复 87 条；相关微博 53373 条。

（一）舆情指数

IRI 根据承办的国家社科基金重大课题（07&ZD041）子课题“网络舆情指数体系（IRI）研究”，基于 I-Catch 全网动态分析和网络舆情 100 典型网站样本分析，绘制“广东增城群体性事件网络舆情指数图”。

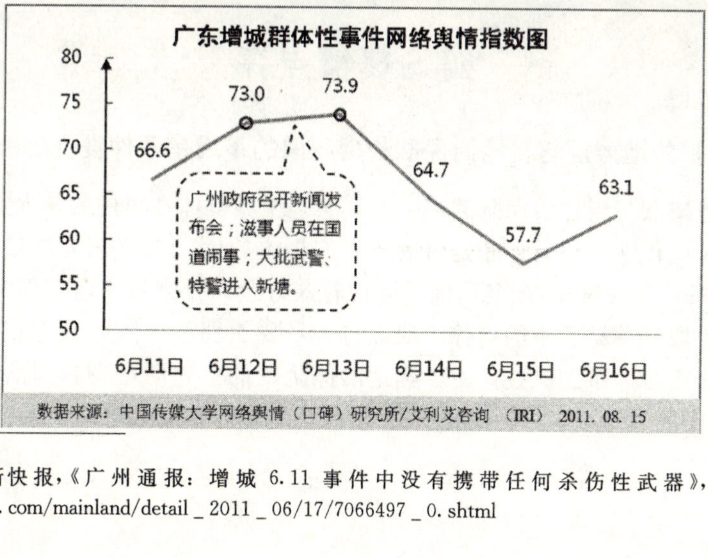

数据来源：中国传媒大学网络舆情（口碑）研究所/艾利艾咨询（IRI）2011. 08. 15

① 新快报，《广州通报：增城 6.11 事件中没有携带任何杀伤性武器》，http://news.ifeng.com/mainland/detail_2011_06/17/7066497_0.shtml

如图所示，广东增城群体性事件的舆情指数在6月12日和13日达到高值，概因事件发展主要集中于12、13日两天。一方面，广州政府召开了事件新闻发布会，通报内容和发布会过程经主流媒体报道和网络传播，在网民中引起较大反响；另一方面，滋事人员在6月12日晚聚集在国道附近，暴力行为波及无辜社会车辆，引起民众恐慌，政府果断反应，派出武警、特警于第二天进驻当地。局势得到控制后，舆情指数逐渐回落，直到6月15日后略为反弹。当时网民关注点主要有二：一为增城各级干部开始进入基层，向群众说明事件真相；二为广州公安微博通报称，通过微博散布事件谣言者已被抓获。

（二）网民关注点

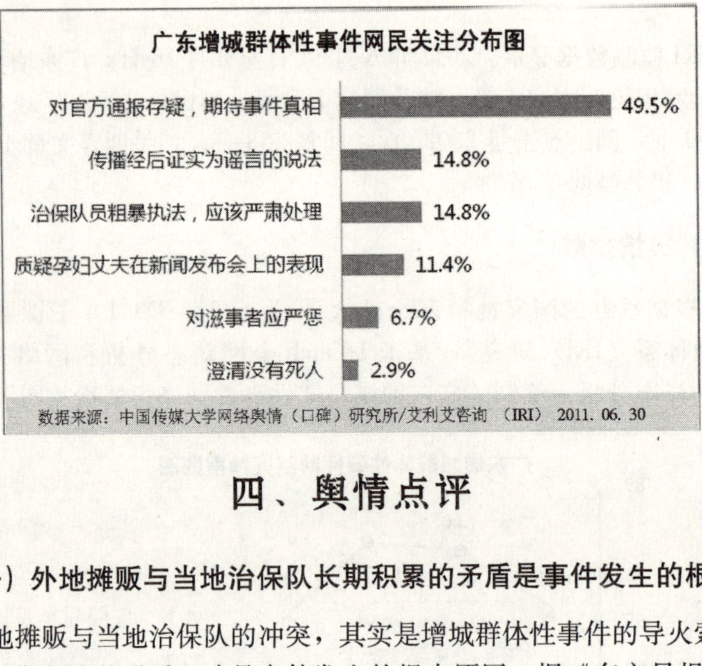

四、舆情点评

（一）外地摊贩与当地治保队长期积累的矛盾是事件发生的根本原因

外地摊贩与当地治保队的冲突，其实是增城群体性事件的导火索。双方群体间长期积聚的矛盾，才是事件发生的根本原因。据《东方早报》报道，20多年来，大敦村40余名治保员管理着8万余名外来务工者，而治保员最惯用的手段是挥舞手中的棍棒，要么打人，要么罚款，因此双方积怨已久。现场目击者称，事态失控是由于当地治保队长的一句话，“打死你们（外地人），一个就（值）50万（而已）”。治保队的嚣张把外来务工人员压抑已久的积怨激发了出来，终于爆发了肢体冲突。①

在城市化进程中，如何使不同人群和谐共处已成为社会管理的新课题。面对新的舆情形势，只有及时采用社会管理新办法，沟通不同群体的利益诉求，才能有效构建和谐社会。

（二）网上谣言成为此事演变成群体性事件的催化剂

从 6 月 10 日晚的街头违章纠查冲突，发展到连续三日的“打砸烧”，事件由普通的管理纠纷，演变成为围攻党政机关、村办公楼、警车，甚至无辜社会车辆的群体性事件。无论是波及对象范围，还是实施手段程度，都表明事件扩散迅速、影响严重。除了外地商贩与当地治保队等不同利益群体间长期的矛盾积聚外，事件之所以发展迅猛，谣言在其中起到了不可忽视的催化作用。网上谣言也带动线下的口口相传，部分外地务工人员受其迷惑煽动，加入到聚集人员中去。

在网络时代，信息流动更为方便、迅速、频繁。密切关注网络上的信息动态，及时应对不实信息对政府舆情所带来的挑战，已成为政府部门不可回避的问题。而在政府公开信息后，为何不少民众依然选择不完全相信，令谣言大行其道，也是政府需要反思的问题。

（三）政府信息通报不严密成为网民质疑的重点

在 6 月 12 日的新闻发布会上，孕妇的丈夫唐学才手拿准备好的纸条，念诵：“我们都很好，我老婆和腹中的胎儿都没事，母女平安。”其中的两个细节被敏感的网民捕捉，一是为何要读准备稿，出面自证是否另有隐情；二是“母女平安”之说是否意味着孕妇早产，与政府通报称夫妇没有受伤有所矛盾。尽管后来在接受广州媒体采访时，唐学才对于此事也表示“没想到事情会搞成这样”、“肯定让一些人钻空子了”，还告诉记者，现在还不知道是男孩、女孩②，但是对照 6 月 12 日的发布会视频，依然给人口实。

官方通报的“六个没有”③ 本意为澄清不实事件传闻，但其中称没有警民冲突、没有商铺被抢砸，网民却指出有人因相关罪名而被逮捕，明显有自

---

① 东方早报，http：//news. sina. com. cn/c/2011－06－20/085822671393. shtml

② 广州日报，http：//gzdaily. dayoo. com/html/2011－06/14/content _ 1384249. htm

③ “六个没有”是没有造成任何人员死亡，公安、武警没有携带任何杀伤性武器，没有开一枪一弹，没有一间商铺被抢被砸被烧，没有发生警民冲突，没有出现当地人与外地人的对立冲突。详细内容可参见相关媒体报道：新快报，《广州通报：增城 6.11 事件中没有携带任何杀伤性武器》，http：//news. ifeng. com/mainland/detail _ 2011 _ 06/17/7066497 _ 0. shtml

相矛盾之嫌。如此前后不一致自然容易让人产生遐想，通报效果大打折扣。

在舆情事件中，群众情绪敏感，其中也不乏恶意解读之人。因此如何让通报会、发布会实现其预期效果，真正沟通民意，舒缓群众的焦虑心情、激愤情绪，推动事件妥善解决，其中的细节处理不容忽视。

（四）政府多次快速回应和公布基本事实是事件解决的根本方法

从6月10日晚上警方出警、地方领导到场，到第二天上午警方通过多种方式发布通报等，当地政府部门的反应是迅速的，处理也基本得当；而且针对网上的谣言，连续多次发布通报，召开新闻发布会，邀请事件当事人现场澄清，播放孕妇在医院的视频。这些做法都表明，地方政府部门能直面事件问题，公开基本事实信息，保持与群众的真诚沟通，在一定程度上为事件的快速解决创造了机会。7月11日，增城法院向媒体通报了案件详情，以权威的态度解答了民众的疑惑。当地政府还表示，将吸取教训，探索创新社会管理服务的方法，将重点放在外来人口的管理与服务上。能从事件中总结经验教训，改进政府的管理方式，这样的认识值得肯定。

故宫“十重门”事件

图片来源：海都网①

2011年5月9日，自网民在微博上爆出故宫遭窃的信息后，短短三个多月的时间里，故宫先后经历了大大小小的“十重门”事件：失窃门、错字门、会所门、哥窑门、瞒报门、拍卖门、屏风门、封口门、古籍门、逃税门。接踵而至的故宫“门”事件一次又一次将故宫推至舆论的风口浪尖，将故宫的管理漏洞、制度不严、监督缺失等诸多问题暴露在公众的聚光灯下。面对外界重重质疑和指责之声，故宫的应对屡屡失当，直至2011年8月19日，故宫博物院院长接受媒体专访，承认故宫存在管理工作的缺陷、漏洞和不到位，并衷心向公众致歉后，故宫“十重门”事件才基本告一段落。

① 海都网，《故宫院长回应“十重门”》，http：//www.nhaidu.com/news/08/n—342408.html

一、进程实录

（一）“失窃门”

2011年5月9日上午，网民在微博中首次曝出故宫从香港引进的临时展览发生展品失窃案件，此消息迅速成为网民关注的热点，故宫“失窃门”事件正式拉开序幕。其中，网民配发的实体墙被凿的照片提升了关于“凿墙盗宝”说法的可信度①。

2011年5月9日中午，故宫通过官方微博首次证实展品失窃②。第二天，此事也得到了北京警方的证实。一时间，“故宫博物院展品失窃”成为不少纸媒头条，各大新闻网站纷纷推出专题报道，微博、论坛更是热议不断。

2011年5月11日，故宫召开新闻发布会，简要介绍了失窃案的经过并否认了“凿墙盗宝”的传言。当日晚，犯罪嫌疑人石某落网。案件的告破并没有让公众转移对故宫的关注，随后爆出的作案细节开始激发公众对故宫博物院安保工作的质疑。

（二）“会所门”

2011年5月11日，一波未平，一波又起。央视著名主持人芮成钢在其新浪微博爆料，称故宫建德宫（后更正为建福宫）已被某知名企业和故宫管理方改造成一个私人会所，500席会籍面向全球富豪限量发售。这条微博在一周内被转发18000多次，评论超过6000条。至此，尚未抽身于“失窃门”的故宫，又陷入了“会所门”的泥淖。

听说故宫的建德宫已被某知名企业和故宫管理方改成一个为全球所谓顶级富豪们独享的私人会所，500席会籍面向全球限量发售。前两天一外籍导游也骄傲的告诉我，他刚为一位美国亿万富翁全家单独安排在故宫不对外的宫殿里晚宴。丢几件展品不可怕，可怕是丢掉更宝贵的东西。

5月11日17:44　来自新浪微博手机版　　转发(18103) | 收藏 | 评论(6009)

图片来源：新浪微博@芮成钢

① 该条信息在微博上已无记录，故从其他媒体中检索收录相关信息，http：//news.sina.com.cn/c/2011－05－12/154422452971.shtml，http：//news.eastday.com/c/20110512/u1a5884909.html

② @故宫：在故宫博物院斋宫展出的引进临时展览《交融——两依藏珍选粹展》（展品为首饰盒等二十世纪作品），5月8日发生展品失窃。现公安部门正在侦破中。http：//t.qq.com/p/t/31565052268630

2011年5月12日，芮成钢再次通过微博贴出相关网站链接，并引其中原文“这里（建福宫）推崇的是五星级酒店服务标准，顶级高端会员制度以及极致中国皇家生活体验”力证此事。随后，北京故宫宫廷文化发展公司浮出水面。对于公众质疑，该公司相关负责人和故宫新闻发言人态度一致：“会所”之事子虚乌有。

2011年5月13日上午，名为“故宫大侠”的故宫新浪官方博客发表博文，详细解释了建福宫的来龙去脉和用途，表示不存在也不可能有所谓的顶级富豪私人会所[①]，获得网民高度关注。

2011年5月13日晚，就在故宫和举报人双方各执一词，真相扑朔迷离之际，网友“不要脸爱面子”开通新浪微博并发布第一条信息，爆料4月23日，若干名人受邀参加建福宫开幕式，时间、人名言之凿凿。随后，该网友又先后发出了72条微博，均与故宫“会所门”事件有关，特别是次日接连发布的三条微博，附有极为清晰详尽的《入会协议书》，其真实性不言而喻。至此，故宫完全陷入“会所门”风波而无法辩驳。曝光数天后，故宫通过其微博发布信息再次回应会所事件，但仅有一句“关于建福宫花园的有关说明”，随信息附有相关链接[②]。

紫禁城 建福宫
JANFO PALACE
1742
入会协议书

会员 / 提名人资料：

□先生 □太太 □女士 □博士 □其他

姓氏： 名字：

身份证 / 护照号码： 生日（日/月/年）：

婚姻状况： 国籍：

图片来源：新浪微博@不要脸爱面子

① 故宫官网博客博文《建福宫花园是这样的》，http：//blog. sina. com. cn/s/blog _ 62aad6640100rdoo. html？ tj=1

② 《关于建福宫花园的相关说明》，http：//user. qzone. qq. com/622008044/blog/1305537786 #!

（三）“错字门”

2011年5月13日，“会所门”一波未停息，“错字门”一波又来侵袭。故宫为感谢北京市公安局迅速破案，其相关负责人为北京市公安局赠送了题有“撼祖国强盛，卫京都泰安”锦旗。此锦旗却赫然将原本应是“捍”字错写成了“撼”字，又引起了网民大规模的声讨，调侃故宫“没文化”。

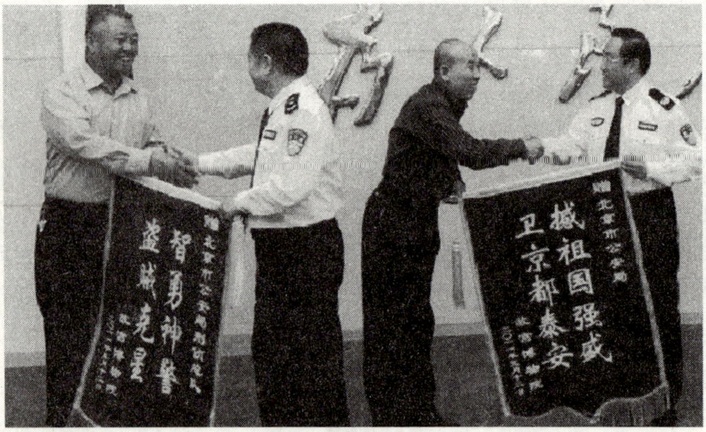

图片来源:新浪网

2011年5月13日当晚，故宫相关负责人在接受采访时如此回应：“‘撼’字没错，显得厚重。跟‘撼山易，撼解放军难’中‘撼’字使用是一样的。”这一牵强回应再次令舆论高涨，网民、纸媒相继“炮轰”，“错字门”舆论声势之高甚于“失窃门”。

2011年5月16日，故宫终于打破沉默做出回应，对于错字事件公开道歉。当天上午9时许，故宫在微博上承认了错字失误，并发表了300余字的致歉声明。可这篇声明，又被网民“@一派天机”修改了13处错误，并转发至微博上，将其驳斥得体无完肤。此份“错字门”和“会所门”的解释说明中，故宫将责任分别指向了故宫保卫部和北京故宫宫廷文化发展有限公司。因回应有明显的推脱责任之嫌，很显然没有获得网民认可，这为接下来故宫在其他“门”事件中遭到的巨大质疑埋下了伏笔。

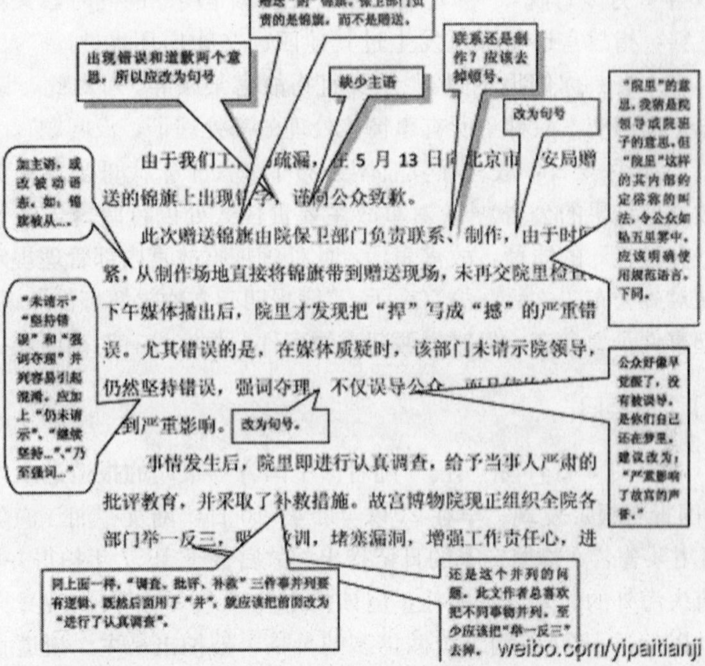

图片来源：新浪微博@一派天机

（四）"哥窑门"、"瞒报门"

2011 年 7 月 30 日晚，就在故宫"失窃门"、"错字门"、"会所门"之"三重门"逐渐淡出公众视野之际，"哥窑门"浮出水面：网友"@龙灿"在微博上发布重磅消息，称故宫工作人员将一件国家一级品宋代哥窑瓷器摔碎，事件却被瞒报。短短三个小时内，微博转载次数过万。

2011 年 7 月 31 日，故宫在接受新华社记者采访时，证实 7 月 4 日的确发生了文物损坏事件，但称未上报是出于事实调查需要，否认瞒报。[①]

2011 年 8 月 1 日，千呼万唤中，故宫公布了被损哥窑瓷器的照片。

2011 年 8 月 2 日凌晨，"@龙灿"发布对比图片，质疑照片中的瓷器是赝品。[②] 当天，故宫方面澄清，称网上流传的那件瓷器与损坏的那件不是同一件，前者完好，尚在展览中。

---

① 《故宫文物损坏：文物被损成六瓣，有望修复》，http://news.cntv.cn/china/20110801/100971.shtml

② 龙灿：《故宫，损坏的哥窑青釉葵瓣口盘可能是赝品?》，http://gududengdai1974.blog.163.com/blog/static/3174993201172139589 6/

2011年8月2日晚，“@龙灿”在质疑瓷器是赝品的同时，又在其博客中再曝猛料，指故宫近年来还发生过其他四起文物损坏事件，“人为损坏，有木有，有木有？你们报了吗？”矛头直指故宫某领导。① 对此，该领导在受访时未正面回应，只称“所有事情该处理的都处理了，没问题”。

2011年8月3日，故宫在其官网公布了《关于宋代哥窑青釉葵瓣口盘损坏事故处理结果的公告》②，对事故主要责任人处以行政警告处分。对于网民“处分过轻”的质疑，故宫表示，此处理依据故宫内部管理规定，但该规定不便对外公布。之后，故宫表示，“瞒报四起文物损坏事件”说法不实，其中两起事件子虚乌有，但对另两起文物事件，故宫没有明确回应。③

（五）“拍卖门”

2011年8月5日，“拍卖门”随着《中国青年报》的报道进入人们的视野。《中国青年报》发现：早在2011年5月16日，网友“湘江渔隐”已发帖④，引用某著名文物鉴定家的日记指出，故宫曾于1997年拍得并收藏了5件一度流失海外的北宋珍贵书札，但该批书札于2005年再次现身文物拍卖市场，并以超过1997年购入价两倍多的价格，被拍出易主。报道直指故宫博物院此举涉嫌违法“创收”。

2011年8月8日，故宫致媒体函，说明当时虽然确实有意收购，并与拍卖公司接洽，但是动用这一数额的经费征购文物必须向上级部门申请，由于未获批复，此项收购未能实现。而故宫相关文献和官网上的收购记载，经查明是由记录失误所致，将更正信息。对于这样的解释，不少网民并不买账，有人进一步质疑道：如果所言属实，故宫为何不在当年收购失败后主动说明此事，而是任由“不实消息”经媒体报道等多种途径广泛散播？

（六）“屏风门”、“封口门”

2011年8月9日，随着财新网刊发文“屏风门”、“封口门”报道相继

---

① 龙灿：《被绑架的调查：此哥窑不是彼哥窑，碎了的何止是瓷器?》，http：//gududengdai1974. blog. 163. com/blog/static/31749932011727185 4118/

② 《关于宋代哥窑青釉葵瓣口盘损坏事故处理结果的公告》，http：//www. dpm. org. cn/shtml/400/@/117274. html

③ 《故宫称封口传闻不实 当时已协同警方处理 同时否认“瞒报4起文物损坏事件”》，http：//epaper. jinghua. cn/html/2011-08/11/content _ 689161. htm

④ 《请问故宫：五件北宋名人书札下落何在?》，http：//www. tianya. cn/publicforum/content/free/1/2164617. shtml

上演，公众再次哗然。文章指出，故宫的一架清宫旧藏木质屏风，在文保部门进行修复时被水浸泡。事故发生后，相关负责人在超过一周的时间内对院方隐瞒不报。故宫亦未向主管部门汇报此事。此外，2009 年前后，故宫还发生一起内部人士的私分票款案，事情败露后被知情者勒索 10 万元“封口费”。对于“屏风”一事，故宫当日以上述文物经核查并没有损坏，所谓的“被水泡坏”，其实是进行正常的修复和除尘。关于“封口费”一事，故宫回应称传闻不实，故宫当时已协同公安机关处理此案。

2011 年 8 月 11 日，财新网发表追踪报道，直指故宫对屏风受损事件内外解释不一。文章援引知情人士的话说，7 月 25 日晚，该屏风确因水管破裂被水浸湿。

(七)“逃税门”

2011 年 8 月 16 日，“逃税门”事件被曝光：原国家外汇管理局资本司副司长陈炳才在其实名认证的微博上爆料，称故宫在端门地区开设多处展览，游客门票上却不见税务章和公司财务章，涉嫌非法经营，敛财逃税。

2011 年 8 月 17 日，故宫方面回应称，该地区此前归国家博物馆管理，目前正在办理交接手续。但对于这种说法，国家博物馆则称，经文化部批准，端门地区已于 2011 年 4 月底正式移交给故宫博物院管理，全部移交工作均已完成。直至 8 月 18 日，故宫未回应此说法。

(八)“古籍门”

2011 年 8 月 18 日，“古籍门”事件被曝光：数家媒体接到故宫内部人员举报，称故宫图书馆善本书库部分图书丢失，上报后上级不让追查。故宫再陷“古籍门”。在记者求证下，故宫方面出现了两套说法，故宫新闻发言人否认近期有古籍丢失，但表示目前确实存在少数职工借阅古籍逾期不还的现象。而相关部门负责人则承认，确有 100 多册图书“挂账存疑”有待详查，包括部分普通古籍，也有一般线装书和印刷品。网民惊诧：“故宫古籍还能外借！”也有无奈感慨：“故宫，你肿么了？老祖宗留下的那点家产还能守住么？”

2011 年 8 月 19 日，故宫院长郑欣淼接受记者专访，对“十重门”事件中的公众疑问一一作答，就事件所暴露出来的故宫管理工作上的“缺陷、漏洞和不到位”，“衷心向公众致歉”。对于之前回应中的不明确说法，院长澄清了所谓“封口费”，实为举报奖励；承认被曝的四起文物损坏事件中，其中两件确有其事，但当时事件责任人已受到处理；古籍事件情况比较复杂，但已存疑记录在案，至今仍未停止调查，一旦清查确认，将对责任人依法依规处理。回应中也不乏迟来但仍值得称道之处，包括首度承认在“错字门”中，根源还在院领导；“哥窑门”未及时上报，责任不可推卸等。①

对于此次回应和道歉，一些网民肯定态度诚恳，但也有网民并不满意，认为：“这个道歉就如铁道部的新闻发言一样：不管你信不信，反正我是不信。”

二、回应对比

时间	网民关注	官方回应
事发第一天 5月9日	故宫展品失窃，而且竟为“凿墙盗宝”	故宫官方微博证实展品失窃
事发第二天 5月10日	猜测是何“大贼”，能盗得故宫宝物	——
事发第三天 5月11日	1. 嫌疑人落网，感叹警察破案神速，继续猜测该“故宫大盗”有何过人之处 2. 网曝故宫开会所，期待真相	召开新闻发布会，介绍失窃经过，否认“凿墙盗宝”传言
事发第四天 5月12日	1.“故宫大盗”竟是临时起意的“80后”蟊贼，质疑故宫安保工作 2. 北京故宫宫廷文化发展公司浮出水面	1. 故宫新闻发言人声称完全不存在“会所”一事 2. 北京故宫宫廷文化发展公司方面表示：从未听过会所项目
事发第五天 5月13日	1. 质疑“京城第一保卫处” 2. 故宫“写错字”，是不学无术还是别有用心 3.“会所门”曝新证据	1. 故宫相关负责人表示：“撼”字没错 2. 故宫官方博客发文，否认建福宫用于私人会所的可能性
事发第六天 5月14—15日	1. 故宫错字无水平，死不认错更糟糕 2. 会所入会文书曝光，故宫说法不实 3. 网曝会所入会费高达100万元 4.“三重门”折射故宫问题重重	——

① 《打开故宫“十重门”——专访故宫博物院院长》，http：//news. xinhuanet. com/society/2011—08/20/c_121885512. htm

续表

时间	网民关注	官方回应
事发第八天 5月16日	1. 不满故宫道歉，揪住道歉信仔细挑错，讥讽故宫没文化 2. 对比两岸故宫，北京故宫应汗颜 3. 故宫道歉无诚意，推卸责任 4. 针对故宫的网络调侃、恶搞开始泛滥	故宫在官方微博上道歉： 1. 承认有错字，但将其和之前的强词解释都归咎于保卫部门 2. 将会所之事责任推向北京故宫宫廷文化发展有限公司
事发两个月 7月30日	网曝故宫文物被损，并瞒报。故宫“哥窑门”上演	——
事发两个月 7月31日	1. 故宫需说明“哥窑门”真相 2. 故宫否认瞒报难以让人信服	证实7月4日发生文物损坏事件，但否认瞒报
事发两个月 8月1日	持续关注“哥窑门”	公布被损哥窑瓷器的照片
事发两个月 8月2日	1. 质疑故宫公布照片中的瓷器是赝品 2. 再曝故宫近年来的四起文物损坏事件	澄清照片不假，网上流传的瓷器与损坏的不是同一件
事发两个月 8月3日	质疑对事故主要负责人处分过轻	1. 公布事件公告，对事故主要责任人处以行政处分 2. 针对网民质疑，表示处分有规可依，但该规定不便对外公布
事发两个月 8月4日	继续关注四起文物瞒报事件	针对四起文物损坏事件，故宫领导语焉不详，未正面回应
事发两个月 8月5日	关注“拍卖门”	坚决否认“拍卖”一事
事发两个月 8月6—8日	持续关注“拍卖门”	8日致媒体函，详释拍卖缘由
事发三个月 8月9日	1. 质疑故宫对拍卖一事的解释 2. 开始关注“屏风门”和“封口门”	屏风无损，是正常修复、除尘
事发三个月 8月10日	1. 持续关注“屏风门”和“封口门” 2. 故宫还有多少“门”	1.“瞒报门”说法不实，否认两起事故，但对另两件无明确回应 2.“封口门”传闻不实
事发三个月 8月11日	质疑故宫对“屏风门”内外解释不一	——

续表

时间	网民关注	官方回应
事发三个月 8月12—15日	1. 持续关注、调侃故宫系列“门” 2. 对比两岸故宫管理层	——
事发三个月 8月16日	“逃税门”曝出	——
事发三个月 8月17日	1. 持续关注“逃税门” 2. 针对故宫的网络调侃、恶搞泛滥	1. 回应“逃税门”，称归国家博物馆负责，正在办理交接手续，拟推卸责任，后被国家博物馆否认 2. 回应“古籍门”①，出现两套说法
事发三个月 8月18日	曝“古籍门”，质疑故宫文物保护能力	——
事发三个月 8月19日	持续质疑、调侃故宫系列“门”	故宫院长接受专访，道歉、检讨
事发三个月 8月20日	对于院长道歉，网民肯定与质疑声并存	——

三、舆情研判

据IRI监测数据显示：2011年5月10日至5月17日，故宫“三重门”事件共引发相关新闻14144篇，涉及网站365家，网民评论1142874条。相关论坛主帖372个，回复16216条；相关博客文章37篇，回复529条，相关微博50750条。7月31日至8月21日，再次围绕故宫的舆情事件共引发相关新闻12171篇，涉及网站342家，网民评论716670条。相关论坛主帖132个，回复4889条；相关博客文章12篇，回复287条；相关微博562384条。

（一）舆情指数

IRI根据承办的国家社科基金重大课题（07&ZD041）子课题“网络舆情指数体系（IRI）研究”，基于I-Catch全网动态分析和网络舆情100典型网站样本分析，绘制了5月和7—8月两个时段内的“故宫‘十重门’事件

① 该回应随8月18日媒体曝光“古籍门”事件的报道刊出。

网络舆情指数图”，分别如下图所示：

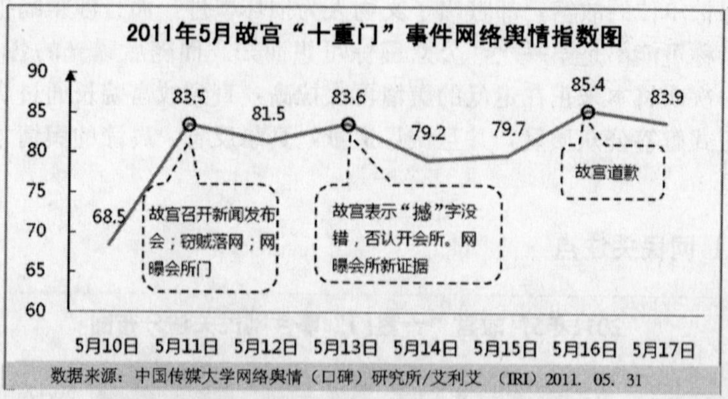

如图所示，在2011年5月10日至17日这段时间内，故宫“三重门”的舆情指数在5月11日、13日和16日达到峰值。第一、二次高峰均与当天的密集事件有关。第一次是针对“失窃门”，故宫召开新闻发布会，首度介绍案件，表明公安部门正在侦查。而当晚的两个重磅消息——窃贼落网和“会所门”曝光，让舆情进一步走高；第二次是针对明显错字，故宫却拒不认错，并且在否认会所一事的当晚又被曝猛料，让网民对故宫大跌眼镜。16日，故宫的一纸道歉书让舆情达到了一周内的最高点，本该“救火”的道歉反成“火上浇油”，出乎其意料。究其原因，面对连日舆情，故宫或推诿或沉默，公众已较感失望，而在迫切需要其道歉之时，得到的却是故宫毫无诚意的推托，网民口诛笔伐无可避免。

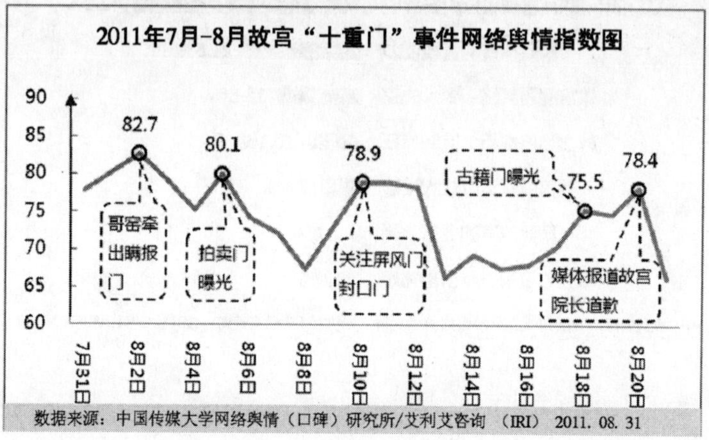

如图所示，2011年7—8月的故宫“十重门”事件网络舆情指数基本应合几大“门”的曝光时间。8月2日的舆情是这段时间的第一个高峰，也是

最高峰。在一个多月前的“三重门”事件即将消失在公众视野之际，作为重要文物保护单位的故宫，却曝出了文物人为损坏事件，而且涉嫌瞒报，甚至据知情者称可能不是第一次，公众震惊可想而知。而随后曝光的各大“门”事件，一次次将本来正在走低的舆情再次拉高，直到故宫院长通过媒体发表回应，正式解答公众质疑，并且诚恳道歉，真挚反省，高涨的舆情才得以缓解、走低。

（二）网民关注点

2011年5月故宫“十重门”事件网民关注分布图

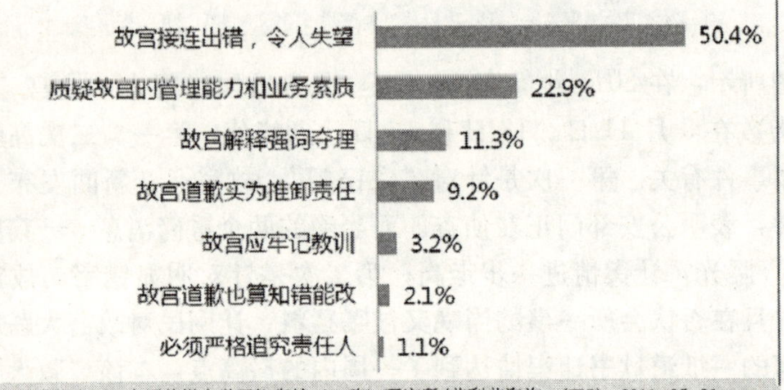

数据来源：中国传媒大学网络舆情（口碑）研究所/艾利艾咨询（IRI）2011. 05. 31

2011年7月-8月故宫“十重门”事件网民关注分布图

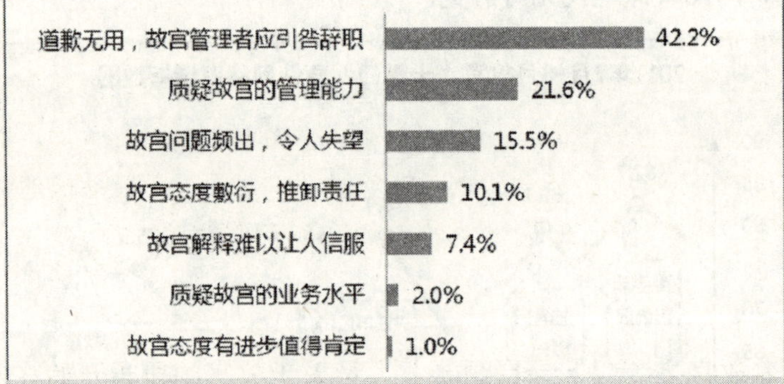

数据来源：中国传媒大学网络舆情（口碑）研究所/艾利艾咨询（IRI）2011. 08. 31

四、舆情点评

不同于2011年发生的其他的重大突发事件，从三重门到其后的瞒报门、拍卖门、封口门等，故宫在网上受网民关注时间跨度之长、被挖掘关注点之多，是非常少见的。究其原因，有以下两方面：

（一）应对经验不足，缺乏技巧

一方面反应迟缓，犹豫不决。舆情危机应对的基本原则即是第一时间作出反应，因为任何事件的初期都会存在一个观望期，公众会抱着观望的态度等待更多消息被披露，此时正是因势利导的最佳时机。遗憾的是，故宫的舆情回应方面都不够及时，特别是在前三起事件中，总要延后2—3天时间，反映了其背后的层层审批和犹豫不决，这正是舆情危机应对的大忌，极易导致主动权和话语权丧失。

另一方面语气生硬，一味否认。在5月的“三重门”中，事态之所以不断高涨，均与故宫方面回应时语气较为生硬有关。例如面对芮成钢的微博爆料，故宫方面没有自查，却信誓旦旦地声称“会所不存在”，这种盛气凌人的态度使得网民“不要脸爱面子”继续爆料“内幕”。5月16日故宫的两次“道歉”，原本应是与公众沟通以获得理解的大好机会，但故宫方面的做法，令网民觉得是在逃避和推卸责任，进而激起新一轮的议论高潮。

同时，故宫对于事件的回应也以否认为主，即便面对网民关于“撼”为错别字如此明显的质疑，故宫相关负责人仍强词夺理称这样“显得厚重”。故宫方面的表达方式虽然能即刻表明态度，但是在缺乏相应证据支撑的情况下，很容易留给公众武断、傲慢的强势印象。类似的处理方式，折射出故宫不够诚恳的态度。这种态度不但难以获得公众认可，更容易被理解为一种对其智力底线的挑战与蔑视，进而激怒公众，引起反感。

（二）网民恶搞，故宫“难逃”

随着故宫之“门”层层洞开，大量关于故宫的段子开始在网上流传。“小时候，故宫是一枚小小的邮票。我在这头，庄严在那头。而现在，故宫是一个不锁门的保险柜。我在外头，文物在里头。再后来，故宫是一个错别字。我捍这头，你撼那头。其实一直，故宫是一个会所，我在外头领导在里头……”如此调侃，层出不穷。而恶搞歌曲《故宫门之歌》、《故宫三重门》也快速集聚网络人气，故宫原本神圣不可侵犯的形象被打破。

网民通过口水轰炸、戏谑恶搞故宫，消解了原本“高大”的故宫形象，将事件娱乐化的同时，也发泄着对故宫的失望和不满。而追根到底，正是因为长期以来，故宫自身的管理问题积重难返，又缺乏监督，所以一旦洞门敞开，事件牵连曝光，又不具备网络时代科学合理的舆情应对方法，遂导致舆情发展“步步惊心”，难逃网民调侃和恶搞。

（三）如何更好的把握话语权，对舆情事件作出回应？

“门”在新闻媒体中的用法起源于美国轰动一时的政治丑闻“水门事件”(Watergate Case)。比较著名的还有前美国总统克林顿的“拉链门”，前央视足球评论员黄健翔的“解说门”等。网民往往用“门”指代一些带有爆炸性的事件及新闻以及众说纷纭无法确定其真实或者内幕的事件，通常是一些负面的事件，如“艳照门”“铜须门”“诈捐门”“局长日记门”等。每一次“门”被爆出后，往往迅速风行于网络，网民参与度极高，网络舆情不断升温。近年来的“门事件”更带有网络特色，更彰显网络影响力。但类似故宫持续三个多月的网络门事件频出实属罕见，其中缘由虽有网络调侃、娱乐文化的成分，但是故宫作为舆情主体在应对上确有可以商榷完善之处。化解危机，重树形象，以下几点建议供参考：

建立健全新闻发布会制度，回应需注重细节

在面对网络舆情危机时，通畅的信息发布渠道变得至关重要，新闻发布会制度成为有效途径。例如，在危机之初，若故宫能组建以院领导为首的危机应对小组，第一时间统筹召开新闻发布会，说明情况；并在警方破获案件后，与北京警方共同召开新闻发布会，通报事实，很有可能已经占据主导，遏制舆情危机进一步蔓延。此外，在自媒体发展迅速的今天，新闻发布会还可采取线上线下联动的机制，如“现实发布，微博直播”等形式会使得信息发布事半功倍。值得一提的是，通过新闻发布会等形式公开回应时，尤其需要注重语气、态度、口径等细节问题。避免在公众心目中形成负面印象，直接影响引导效果。

根据自媒体传播规律，调整固有应对模式

在接受媒体采访时，故宫博物院有关负责人曾以“首先得摸清楚产生事故的原因，才能向上级和公众报告”为由解释为何迟迟没有上报上级、公告公众，声称如果没有搞清原因就公布则可能对厂家、当事人等造成伤害，甚至引起其他相关问题。

但在自媒体时代，传统的传播规律和媒体环境已被颠覆。绝大多数猜测、曲解都是由于当事方的刻意遮掩而产生的。面对舆情热点事件，特别是突发性的热点事件，必须改变以往保守的应对方式，第一时间发声表明态度和立场，抢占舆论话语权和主动权永远是最佳选择。担心引发误会而遮遮掩掩，只会造成更大的误会，酿成更大的危机。

主管部门需独立介入，给予权威发布

危机事件中的舆情主体，很多都不被舆论信任和认可，任凭舆情主体怎么解释都徒劳无功，自纠自查得出的结论也常常受到质疑。在“多重门”之后，故宫的公信力下降十分严重，如果这时文化部、国家文物局、检察院等上级主管部门和权威机构能以第三方身份独立介入调查，面向社会公布调查结果，将会一定程度上赢得舆论信任，扭转局面，阻止舆情危机进一步蔓延。

关联阅读

2011年5月到8月，故宫先后曝出“失窃门”、“会所门”、“错字门”、“哥窑门”、“瞒报门”、“拍卖门”、“屏风门”、“封口门”、“逃税门”、“古籍门”等事件，被网民合称“十重门”。“哥窑门”、“古籍门”中，作为重要文物保护单位的故宫，曝出了文物被人为损坏，而且涉嫌瞒报，甚至据知情者称“可能不是第一次”，公众震惊可想而知。随后曝光的各大“门”事件，一次次将本来正在走低的舆情反复拉高。网民从5月对故宫表示失望，到7、8月对故宫的道歉表示不满，故宫方面应对和处理舆情危机事件的方式和效果值得反思。

网民恶搞故宫段子及歌曲

（一）《乡愁》版段子

小时候，故宫是一枚小小的邮票。我在这头，庄严在那头。长大后，故宫是一集集的电视剧。我在外头，皇阿玛在里头。而现在，故宫是一个不锁门的保险柜。我在外头，文物在里头。再后来，故宫是一个错别字。我捍这头，你撼那头。其实一直，故宫是一个会所，我在外头，领导在里头。

小时候，故宫是一面高高的红墙，国宝在里头，我和同学们在外头；长大后，故宫是一本厚厚的书，文化在里头，我们朝拜在外头；后来呀，故宫是一个大会所，有钱人在里头，游人在外头；而现在，故宫是一根丢了魂的木头，面对多少指责的人头，我的悲哀徒生心头！

（二）歌曲《故宫门之歌》：（根据《中国功夫》改编）

故宫多威风 戒严有几重
小小毛贼来如风
宝藏去无踪
撼字突然走红 因为显得厚重
私人会所谁敢比建福宫
帝王待遇不是梦
故宫多威风 戒严有几重
小小毛贼来如风
宝藏去无踪
撼字突走红 因为显厚重
私人会所建福宫
帝王不是梦
锦旗一出现 撼死一大片
小贼好似云中燕
就是看不见
外练厚脸皮 内练王霸气
强词夺理要赖皮
文化不及学地痞
故宫多威风 戒严有几重
小小毛贼来如风
宝藏去无踪
撼字突走红 因为显厚重
私人会所建福宫
帝王不是梦
撼字摆一边钱字放中间
知错不改改词典康熙地下也雷翻
会所两扇门是丢物又丢人
朱门酒肉养育了我们一群淫（滚）
东方几条龙各个似英雄
多年掌管着故宫敛财有神功
东方几条虫个个非孬种
出尽洋相不脸红
法宝在手中：全是临时工

图片来源:新华社①

2011年3月，日本突发9.0级大地震，地震引发海啸并造成福岛第一核电站爆炸，核泄漏的阴云笼罩邻近各国，一衣带水的中国民众也饱受煎熬。一时之间，日本核辐射会不会对中国造成影响成为网络热门话题。恐慌之下，谣言乘虚而入，在短短的十天时间内，致使全国大部分民众集体参演了从“吃碘防辐射”演变成了“抢碘盐”，之后又演变成“抢盐”，之后全民开始辟谣，最后又全民开始“退盐”的社会闹剧。在此次事件中，同样暗含着两条发展主线脉络，一是网民不断的质疑和挖掘新的关注点；二是网民不断的恶搞，创作了无数的“咸味段子”。

① 新华社，《中国“抢盐潮”引发反思 盘点十大灾难谣言》，http：//www. chinanews. com/gn/2011/04—22/2991525. shtml

一、进程实录

2011 年 3 月 11 日，日本当地时间 14 时 46 分，日本东北部海域发生 9.0 级地震并引发海啸，地震同时造成福岛第一核电站 1～4 号机组发生核泄露事故，日本多座核电站陷入危机。核泄漏一方面致使日本境内遭受核辐射的人数上升，人人谈“核”色变，另一方面，国内媒体虽持续报道核电站危机，但却多以“某某地监测尚未发现核辐射异常情况”为题进行通告，对核泄漏可能产生的危害缺乏仔细讲解。

2011 年 3 月 12 日，网友显然并未相信媒体的公开报道，并且出于对核电站爆炸及核辐射的担忧，开始在网络上献计献策，探讨防辐之道，其中有部分网友陆续在微博中指出，吃碘片可防辐射。新浪微博网友“@何建晔”表示：“共同社：福岛县核电站每小时的辐射水平相当于一年所允许的量。日本政府搜集碘以应对核辐射意外……处理办法是服用碘片，用没有放射性的碘把甲状腺占领，放射性碘就不会聚集在体内，就会排出，伤害就小得多。”这是第一个在新浪微博上提出吃碘片防核辐射的意见领袖，之后又有很多知识普及者也发表了此类意见。由于网民的误读，这些微博援引了日本共同社的报道，信息加剧了网民的心理恐慌，同时也证明了碘片对防辐射的功效。网民开始抢购碘片，很快各地药店碘片脱销。买不到碘片后，网友再次忙寻找替代解决方案：买碘盐吧，反正也含碘。或者海带也行，甚至碘酒。

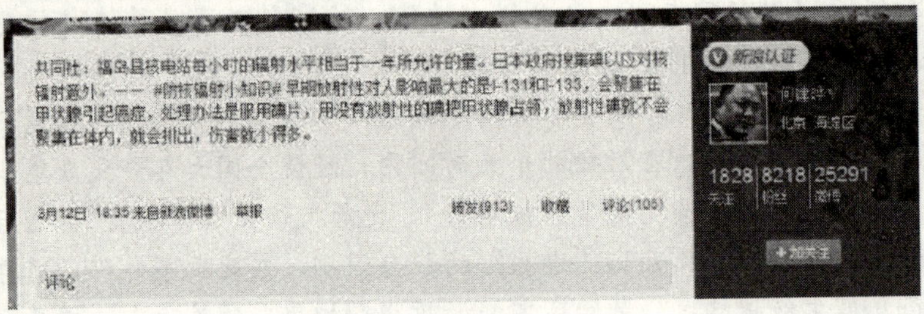

2011 年 3 月 14 日，一条冒用 BBC 名义的谣言开始在菲律宾手机用户中传播，谣言全文如下：“BBC 新闻台的最新消息：日本政府证实因第二波地震而波及的福岛县的核子厂，辐射抢救失败，开始蔓延亚洲区域国家，预计下午 4 点抵达菲律宾，在接下来 24 小时尽量不要外出，穿长袖衣物，尤其

是颈项部最容易受害，请把这信息传给身在亚洲的亲人与朋友，谢谢!”[①]由于此条谣言利用大家对核辐射的恐惧，且是以 BBC 官方报道的口吻，言之凿凿，煞有介事，因此迅速席卷菲律宾全国。连菲律宾司法部长都在 3 月 14 日下午从一位男记者处收到这条谣言短信。位于马尼拉的菲律宾综合科技大学，在不断接到家长询问电话之后，被迫停课一天，把数千名学生送回家[②]。

2011 年 3 月 15 日，这条源自菲律宾的谣言加上它已造成的既定事实——菲律宾综合科技大学停课一天，再加上此条谣言的变种——日本核辐射将于某月某日具体时间到达上海、杭州、大连等地，再加上之前已经在微博上散开的买碘片、买碘盐的谣言，在意见领袖和普通网民的共同“协作”下，谣言借助于网络及手机短信在国内高速传播开来。

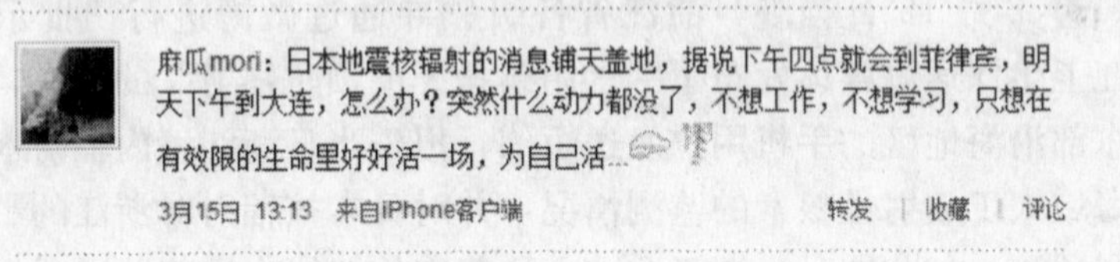
府瓜mori：日本地震核辐射的消息铺天盖地，据说下午四点就会到菲律宾，明天下午到大连，怎么办？突然什么动力都没了，不想工作，不想学习，只想在有效限的生命里好好活一场，为自己活...

3月15日 13:13 来自iPhone客户端 转发 | 收藏 | 评论

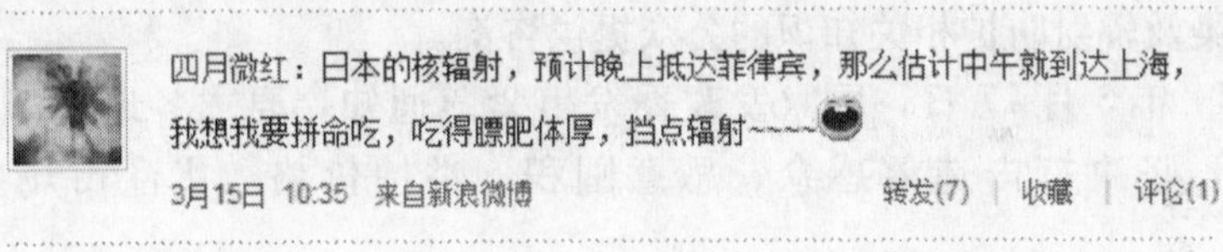
四月微红：日本的核辐射，预计晚上抵达菲律宾，那么估计中午就到达上海，我想我要拼命吃，吃得膘肥体厚，挡点辐射~~~~

3月15日 10:35 来自新浪微博 转发(7) | 收藏 | 评论(1)

与此同时，当日上午，在杭州一电脑公司工作的陈某，用网名“鱼翁”在网上散布消息称：“据有价值信息，日本核电站爆炸对山东海域有影响，并不断地污染，请转告周边的家人、朋友储备咸盐、干海带，在一年内不要吃海产品。”被很多网友转发，并轻信。同时，一条有关“东京核辐射是正常水平的 23 倍”的新闻，让人们相信核辐射已经扩散，认定辐射水平是正常水平的 23 倍就等于核泄漏。“海盐从此变核盐，不能再吃”以及“碘盐可以预防核辐射”两则传言通过电话、短信、网络等多种方式疯狂传播，人们纷纷由抢碘盐转向抢盐，公众情绪陷入极度恐慌。

2011 年 3 月 16 日，浙江出现抢购食盐事件。浙江省盐业公司业务处的

① 南方网，《盘点日本震后十大火热网络谣言》，http：//www. hinews. cn/news/system/2011/03/16/012167868. shtml

② 齐鲁晚报，《谣言影响日周边 菲大学迫于谣言压力停课 1 天》，http：//news. qq. com/a/20110317/000426. htm

数据显示，截至3月17日中午12时，当日提货量达到空前的569吨，而平时一整天的提货量仅为40吨左右。之后，食盐抢购风潮蔓延至珠三角地区，随后席卷安徽、河北、山东等全国多个省份。成批居民纷纷涌入当地各大小超市，成批量购买食用碘盐。一时间，各地食盐告急。不愿空手而归的人们，或是抢走榨菜、酱油，或是涌向盐库。借机涨价的现象应时出现，平时1元一袋的加碘食盐涨至30元一袋。疯狂之势，令人咂舌。

伴随着抢盐风潮，股票市场盐业概念类股票非常抢眼，多支平时默默无闻的个股更是逆势涨平。3月15日，云南盐化大幅上涨，至3月17日开盘便涨平。3月18日，抢盐潮开始退去，云南盐化当日跌幅为7.5%。随后的几天，云南盐化继续低开低走，昙花一现后是大幅下跌。有观点指出，浙江游资曾利用危机散布谣言，制造抢盐风暴。

2011年3月16日当晚，浙江省各级领导通过微博进行“批示”和辟谣。浙江卫生厅通过媒体发布了“食用碘盐无助预防辐射”的消息，并主动给浙江东部沿海地区的手机用户发送短信，报告当日浙江境内辐射水平监测和浙江海域人工放射性核素的监测情况，并对日本核辐射对浙江的影响进行了预判和预测。与此同时，浙江96301科普宣传热线也迅速开通，为想了解与核污染及辐射防护相关知识的公众提供咨询。

2011年3月17日，国家发改委发出紧急通知，要求各地立即开展市场检查，坚决打击造谣惑众、恶意囤积、哄抬价格、扰乱市场等不法行为。

2011年3月17日下午，中国盐业总公司紧急开通新浪微博，并从下午13时49分起连续发布辟谣微博。14时09分，该微博宣布成立应急工作领导小组，启动应急工作机制。15时40分左右，该微博开始以“中国盐业总公司应急工作小组”的名义进行微博访谈，回答网友关切的各种问题。截至当日下午17时，该微博先后回答34个问题；粉丝接近3万人。除此之外，中盐总向全国各省、自治区、直辖市及计划单列市发出紧急通知。要求各级盐业公司高度重视抢盐事件，密切关注市场动态，立即启动市场应急工作机制，直至市场恢复平稳。另一方面，中盐总部署各食盐定点生产企业及配送中心加紧生产，提高成品食盐产区库存，并做好销区紧急调拨准备。

2011年3月17日晚间，著名节目主持人白岩松在CCTV晚间节目《新闻1+1》中，采访核电专家俞卓平进行辟谣。得出结论，核辐射服碘盐没用，一个青海盐湖的盐储备就够全国人民吃70年，没必要抢盐。除了权威电视台辟谣之外，微博、手机短信、QQ弹出新闻、报纸、电台、超市终端等多种途径同时进行辟谣。

2011 年 3 月 18 日，抢盐风波逐渐平息，很多抢购了大量食盐的人感到后悔，纷纷拿回销售点要求退货，国内多个城市由此出现“退盐潮”。但有大型超市负责人指出：“相关法律规定食品的退货非常严格，因为担心投毒等问题，除非是质量问题，否则不予退货。因此超市在此次购盐潮后不接受退货。”更有不少购进高价食盐的民众，苦于没有证据证明卖方哄抬物价，更是造成了大量无法挽回的经济损失。

2011 年 3 月 18 日，上海市警方查获两名在网上散布“日本核辐射空气到达上海”谣言的不法人员吴某、殷某，并依法作出行政处罚。

2011 年 3 月 20 日，杭州市公安局西湖分局做出处罚决定，依法给予在网上散布日本核电站爆炸污染山东海域谣言的杭州网民陈某行政拘留 10 天，并处罚款 500 元人民币。

至此，来势汹汹的抢盐风波宣告落幕。

二、回应对比

时间	网民关注	官方回应
事发第一天 3 月 11 日	日本发生特大地震	及时报道事件进展
事发第二天 3 月 12 日	日本福岛核电站发生爆炸，网民陷入核辐射和核污染的恐慌之中，纷纷献计献策，认为吃含碘的碘片即可。抢碘片之后，认为碘盐也可	及时报道事件进展
事发第三天 3 月 13 日		反复澄清核物质对我国不会造成影响
事发第四天 3 月 14 日	“碘盐能预防治疗核辐射”的传言出现，东南亚各国一度陷入恐慌，国内市民开始抢购碘盐	——
事发第五天 3 月 15 日	谣言泛滥，由抢碘盐变成了抢盐；浙江绍兴市民开始抢购食盐	——
事发第六天 3 月 16 日	抢盐行为扩散至珠三角地区，网民情绪陷入恐慌状态，纷纷抢盐自保	浙江省开始应对和澄清，卫生厅发布“食用碘盐无助预防辐射”的消息

续表

时间	网民关注	官方回应
事发第七天 3月17日	抢购潮疯狂蔓延至全国，形成“抢盐”风暴	1. 中国盐业总公司紧急开通新浪微博回应； 2. 各路媒体、专家、政府部门、网民竞相辟谣 3. 发改委发出紧急通知，要求各地开展市场调查，打击恶意囤积等不法行为
事发第八天 3月18日	谣言破灭，抢盐潮退去，“退盐族”登场；嘲讽抢盐行为的“咸味段子”横空出世	国家发改委通报各地价格部门的查处结果，浙江证监局紧急调查游资炒作盐业股，上海警方对散谣人士进行了行政处罚
事发第九天 3月19日	反思食盐“抢购潮”为什么会发生	抢盐风波落下帷幕，各地盐业公司24小时配送，保障市场供应
事发第十天 3月20日	各地持续上演“退盐”潮	依法对在网上散布谣言的杭州网民陈某做出行政处罚

三、舆情研判

据IRI监测数据显示：2011年3月13日至3月25日，抢盐事件共引发相关新闻18795篇，网民评论511898条，涉及网站476家，论坛主帖1159个，网民回复31594条；博客文章81篇，回复166条；相关微博1655929条。

（一）舆情指数

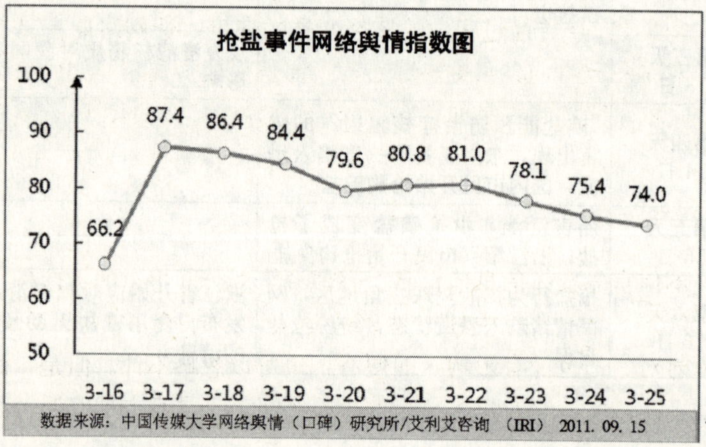

如图所示，2011年3月17日，各地分散的食用盐抢购行为逐渐衍化成全国范围的“抢盐风”，同时各路权威媒体、政府也开始一起发力，紧急辟谣，以遏制抢盐行为，致使抢盐事件的舆情指数在3月17日这一天达到峰值。3月17日至25日，抢盐潮逐渐平息，“退盐族”粉墨登场，同时各类“咸味”段子、反思抢盐行为的文章大范围出现。因此这几日的网络舆情指数虽日渐下降，但趋势缓慢，总体上仍处于较高位置。

（二）网民关注点

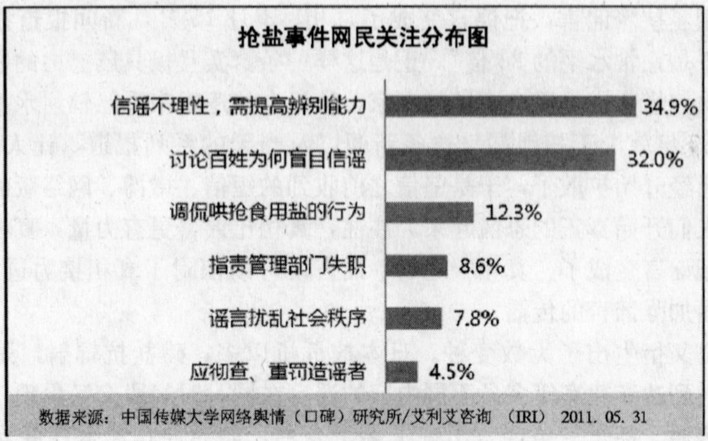

四、舆情点评

互联网时代、海量信息真假难辨，散布谣言的成本极低，而碎片化的140字微博以及它在传播过程中的核裂变式的速度，让网络谣言又有了绝佳的传播的空间和载体。真相裹挟着谣言，谣言变成了真相。如此来势汹汹的谣“盐”闹剧，究竟到底是如何形成的？面对网络时代的谣言，到底应该如何应对？

（一）谣“盐”何以形成？

网民不信官方媒体信息信自己。恐慌源于对公开报道的不信任，对将来事态发展的不可预知。日本核电站事故不久，已有媒体宣称，吃盐不防辐射，核辐射对中国也没有影响，即便有，也可以忽略不计。但是，民众似乎宁愿轻信传言，对政府及媒体公开信息不买账。于是官方越辟谣，百姓越恐慌，媒体越说没事，百姓越觉得有事，专家越是胸有成竹，百姓越不以为然①。

微博谣言的制造越发以假乱真。微博的碎片化表达方式及核裂变式的传播速度等特性决定了微博成为谣言的集散地和扩大器，而且微博谣言的表达方式也越来越趋于真实化，主要反映在经常标有引用国际及国内权威媒体或记者报道的字样，并有时间、有地点、有人物、有图有真相等。譬如在抢盐的谣言散布的过程中，微博上出现的标有【BBC快讯】的虚假信息可谓谣言的始作俑者。

真相裹挟着谣言，把谣言变成了真相。3月15日，新闻报道称“东京辐射水平是正常水平的23倍”。正是这样一条真实且极具震撼力的新闻，让大家再次惊慌失措。民众不是核专家，从民众的逻辑来看，辐射水平是正常水平的23倍就等于核泄漏！这条新闻以及当天的系列报道，让人们相信，核辐射已经开始扩散了，于是坚信之前收到的短信、微博、网络版的谣言是真的，人们开始真正的恐慌起来。往往，真相比谣言更有力量，真相裹挟着谣言，把谣言变成了“真相”之后，谣言便可以依附于真相接力进行传播，真相反而加强谣言的传播。

谣言又衍生出了无数变种。日本核危机以来，碘盐抗辐射，海水有污染，辐射到达菲律宾等多条不同内容的谣言在同一时间段交叉出现，互相影响借力传播。甚至一条谣言出现了多个变种，如菲律宾谣言就变异为上海版、杭州版、北京版、台北版，外来谣言和本土谣言融合之后，再变异出更新版本的谣言②。从外地到本地，有模有样，有理有据，如此翔实的谣言传播路径再次迷惑了大众。

谣言中又有了谣中谣的谣言。3月17日，各大论坛及微博流传一条类似新闻稿的消息，称“浙江慈溪一男性市民因过量食用食盐而死亡”③。有媒体随后进行转载，并称“这是此次日本大地震中本土以外的第一个遇难者”。尽管不少网民表示质疑，但因此条新闻被冠以“本报讯”、“记者谢超

---

① 对于此，坊间曾流传这样的段子：“专家说，日本核电站不会爆炸，结果爆炸了。专家马上说，其他两所核电站不会爆炸，结果其他两所都爆炸了。专家接着说，即使核电站爆炸了，外壳能起到很好的保护作用，结果壳被炸飞了。专家改口说，即使泄露了，也不会污染日本，结果东京的核辐射超标了。刚才专家又说中国是安全的，我一听眼泪都快下来了……”

② 谣言衍化成诸多变种的详细内容可参见本案例“进程实录”部分，此处不赘述。

③ 完整新闻稿是：“本报讯 记者 谢超石 由于担心日本核泄漏造成的辐射伤害，浙江慈溪一男性市民昨日过量食用食盐‘抗辐射’，被家人发现后送入医院，经抢救无效不幸死亡。”详细可参见：新华网，《浙江慈溪卫生局证实有人食盐过量致死是谣言》，http：//www.hinews.cn/news/system/2011/03/19/012189492.shtml

石”等名头，且言之凿凿，因此依然被大量转载、疯狂流传。次日，这条“吃盐过量齁死人”的新闻即被确证为谣言，是“谣中谣”。

（二）如何避免此类事情发生？

政府部门应对当更为快速。从3·11日本发生大地震、海啸及核辐射泄露事件后，很快的，第二天到第五天，网民便开始纷纷建言吃含碘的东西防辐射，之后网民从在网上建议和讨论转变成了在线下展开行动，开始买碘片、抢碘盐和抢盐，直至五天后引起了物价的波动，相关政府部门才发觉此事并开始陆陆续续的辟谣，直至事发后第七天和第八天的大规模全媒体全民辟谣。可以说，这种察觉是可以通过网络舆情的实时监测变得更为快速的。假使相关政府部门早一些公开食盐供应信息，并向网民不断澄清和发布，迅速辟谣，普及核辐射知识，抢购风波就有可能平息得更快，或许不会蔓延，甚至不会产生。

全媒体辟谣彰显作用。真实的新闻可以压制谣言，阻断谣言的传播路径，全媒体参与辟谣的作用更是如此。在此次由谣言所引发的抢盐过程中，政府部门采用的全媒体辟谣方式非常有效，电视、平面、广播、网络尤其是微博、移动终端尤其是短信等多管齐下，有足够猛烈的辟谣力度，在短短两天之内就平息了抢盐行为。这种行之有效的辟谣方式值得借鉴。

关联阅读

2010年2月20日午夜至21日凌晨，山西省多地大量民众都收到了一条手机短信“家人们，明天早上6点以前太原地区有地震，请大家一定要注意，并转告身边的朋友们，切记！”有人向山西省地震局询问，但未得到解答。在“宁可信其有”的心态下，山西省太原、晋中、长治、晋城、吕梁、阳泉六地几十个县市大量市民离开家，走上街头空旷地带躲避“地震”。[①]后直至清晨地震仍未发生，山西省政府通过多种渠道发布公告称，地震为谣言。

2011年2月10日凌晨2时，有人谣传江苏响水县陈家港化工园区大和化工企业毒气泄漏，随时可能发生爆炸，导致陈家港、双港等镇区大量民众出现恐慌情绪，连夜离家。混乱中发生多起交通事故，致4人死亡。[②] 响水

① http：//news. sina. com. cn/c/2010－02－25/015617124983s. shtml

② http：//news. qq. com/a/20110211/000607 _ 1. htm

县委县政府得知情况后，通过手机短信、政府网站、电视、电台等渠道讲明该县今天夜里没有发生化工企业爆炸和泄漏事故。10日清晨6点左右，群众情绪已基本平复，逐渐回到家中。2月13日，2名“江苏响水爆炸事件”中涉嫌编造、故意传播虚假恐怖信息的犯罪嫌疑人被刑事拘留，另有2名违法行为人被行政拘留。

从这一类事件的舆情发展可见，涉及公共安全、灾难事故的谣言可能短时间内引发大规模群众恐慌情绪，进而使得群众也不自觉的成为传播的个体节点，使得虚假信息传播得极快，迅速引起高热舆情，甚至引发线下事件。对此，政府应建立一套完整有序的响应机制，并有计划、有步骤地执行舆情监测，一旦发现此类信息，应尽快通过多种渠道向群众说明情况，以截断谣言传播路径，稳定群众情绪，化解舆情危机。

网民恶搞：咸味段子，有“碘”意思

①世上最痛苦的是什么？辐射来了，盐没了；世上最最痛苦的是什么？辐射来了，盐不好使；世上最最最痛苦的是什么？辐射没来，盐买太多了；世上最最最最痛苦的是什么？人鼿死了，盐没用完。

②《谣盐之歌》：有盐千里来相会，无盐对面手难牵。食盐修得同船渡，海盐修得共枕眠。

③市政公用局正告市民：道路融雪用盐为工业用盐，含有多种有害元素，请立即停止舔路的行为！

④听说有超市咸鱼摊位边上出现了四位保安，以防止随意舔鱼的行为，保安气愤的说，昨天好好的四尾大咸鱼硬是被舔成了淡水鱼……

⑤据说抢购酱油的理由是这样的：碘能防辐射—碘盐应该也能—盐是咸的—酱油也是咸的—所以酱油应该也能防辐射。

⑥今天我终于知道了，“我吃的盐比你吃的饭都多”是一句多么摆谱的话。

⑦麻烦你给送一份卤肉饭。饭店：您要哪一款卤肉饭？不放盐的15，放盐的30，双份加盐的50，我们最近还特别推出“咸死你”超值碘盐防辐射皇家尊贵卤肉饭套餐，只需98哟，送一瓶碘酒昵亲。

⑧日本地震我没哭，日本核电站辐射泄漏我也没哭，一直到中国人开始抢购食盐，我更不能哭了，体内的盐分不能就这样白白流失呀！

药家鑫事件

图片来源:大河网①

2010年10月20日，西安音乐学院大三学生药家鑫开车将骑电动车的女服务员张妙撞倒后，用随身携带的尖刀对其连刺8刀，致其死亡。之后将近一年的时间，这桩看似普通的交通肇事案件，却由于当事人药家鑫被贴上“富二代”、“官二代”、“军二代”的标签，而引发网络上、尤其是微博上的大讨论，杂糅了网民焦虑、声讨、调侃、反思等各种情绪。其中由于药家鑫手段残忍，“不杀不足以平民愤”的“未审先判”的网络舆论对司法公平公正量刑产生的影响，一度成为了全社会高度关注的话题。2011年6月7日上午，药家鑫最终被执行静脉注射死刑。

① 大河网,《公众满意“药家鑫案”判决 法律权威得维护》，http：//www. 0316. cmnewsshehui20110423159176. html

一、进程实录

2010年10月20日23时许，西安音乐学院大三学生药家鑫看望完其在西安某高校的女友后驾车返回，行至西北大学长安校区西围墙外翰林路时，撞上前方同向骑电动车的女服务员张妙。药家鑫下车查看，发现张妙倒地呻吟。张妙醒来后记药家鑫的车牌号，药家鑫听说被农村人缠上很麻烦遂起杀人灭口之心，用随身携带的尖刀连刺张妙8刀，导致张妙主动脉、上腔静脉破裂大出血而死亡。随后，药家鑫驾车逃逸，再次撞伤行人，欲驾车逃离现场时被周围民众围堵起来，遂被警方控制。

2010年10月22日，专案组将药家鑫抓获。经审讯，药家鑫起初没有供述自己撞伤人后并持刀杀人的犯罪事实。

2010年10月23日，药家鑫在其父母陪同下再次来到专案组，向警方自首，对杀害张妙的事实供认不讳。长安警方依法将其刑事拘留。

2010年11月25日，经长安检察机关批准，因涉嫌故意杀人罪，疑犯药家鑫被依法逮捕。

2010年11月29日，西安警方向社会公布了详细案情，引发大量媒体报道和网民热议，一时舆论暴涨。

2010年11月30日，天涯社区出现名为“药家鑫家庭背景最新结果”的网帖，寥寥数语却极为详尽：“药家鑫父母系西安北方华山机械有限公司职工，西安北方华山机电公司系中国兵器北方公司下设一军工厂，母亲系该厂物资公司库管员，已退休，父亲系总后西安军事代表局驻该厂军代表（政委），家住新城区20街坊（华山厂家属院）军代表楼。”此帖自然成为网民关注焦点，短短时间内，点击阅读量就达到25万次，回帖评论量超过1000条。很快，新名词“军二代”开始流传，更有网民感慨富二代不如官二代、官二代不如军二代。药家鑫被贴上“军二代”的标签后，悲观、愤怒的情绪笼罩网络，不少网民直接断言药家鑫不会死。不过，也有很多网民认为，药家鑫手段残忍，罪该至死。网络舆论对于司法量刑产生的压力逐渐增加。

2011年1月11日，西安市检察院以故意杀人罪对药家鑫提起公诉。

2011年2月，受害者张妙的亲戚、西安电子科技大学技术物理学院材料学副教授张显偶然与张妙的丈夫王辉接触，随后开始介入药家鑫案，成为王辉和张妙一方的代理人。①

2011 年 3 月 23 日，西安市中级人民法院开庭审理药家鑫案，现场 500 名旁听人员，每人都收到一份“旁听人员旁听案件反馈意见表”，意见表中有“您认为对药家鑫应处以何种刑罚”等问题，向旁听公民征求量刑意见。但 500 名旁听人员中，有 400 名为大学生，村民和受害人亲属只有 25 人，引发了网民在微博上的质疑：“假托‘庭审现场 500 人问卷调查’的形式作为其量刑的依据？那 500 人都是西北政法、西安音乐学院学生，也就是他的同学、朋友？死者家属的请求无人提及，如果药家鑫不死，下一个受害的可能是你，是我……所有支持药家鑫死刑的脖友请转发，看一看民意到底在哪里？”受害者张妙的代理律师对此调查也表示坚决反对。

案件审理过程中，药家鑫表示后悔，辩护律师称药家鑫为“激情杀人”，并向法庭提交 3 份证据，包括报纸对药家鑫主动递交悔过书的报道，上学期间的 13 份奖励，被告人校友、同学、邻居的 4 份请愿书，请求法庭给药家鑫一个改过自新的机会。这一消息传出后，也引起了网民的担忧，舆论担心这是药家鑫案被法外之力干涉的前兆。不过，西安市人民检察院检察官李援民接受采访时透露，药家鑫自首情节已经认定，但自首并非必须从轻处罚。药家鑫主观恶性大、危险性大，不作为他从轻量刑的条件。

2011 年 3 月 23 日当晚，央视《新闻 1＋1》节目中，犯罪心理学专家、中国人民公安大学犯罪心理学教授李玫瑾点评道，药家鑫之所以会在瞬间完成连扎数刀的动作，和他长期以来的钢琴训练有关。网友将其评论总结嘲讽为“弹钢琴强迫杀人法”，并称李玫瑾为“著名犯罪漂白家，对于犯罪漂白有相当经验”②。

2011 年 3 月 24 日，在第一视频新闻网《孔和尚有话说》节目中，北京大学教授孔庆东点评药家鑫案时表示，“（药家鑫）这种人一看就是罪该万死的人。杀人犯长得都这样。”此言引发网友热议，再次助长了网民情绪，也引起了日后药家鑫之父药庆伟的反驳。

2011 年 4 月 1 日，网友“billkds”在其微博上贴出西安音乐学院学生李颖在人人网上留言的截图。这位“药家鑫的师妹”写道：“我要是他（药家鑫）我也捅……怎么没想着受害人（指张妙）当时不要脸来着，记车牌？”

---

① 南方人物周刊，《“激情”代理人张显》，http：//news.sina.com.cn/c/sd/2011－06－17/152622659811.shtml

② 山东商报，《因“弹钢琴强迫杀人论”被骂 犯罪心理学专家李玫瑾：我不能说不杀药难平民愤》，http：//60.216.0.164：88/html/2011－04/11/content_238197.htm

此留言让网民十分愤怒，此人也遭到了网民的人肉搜索。

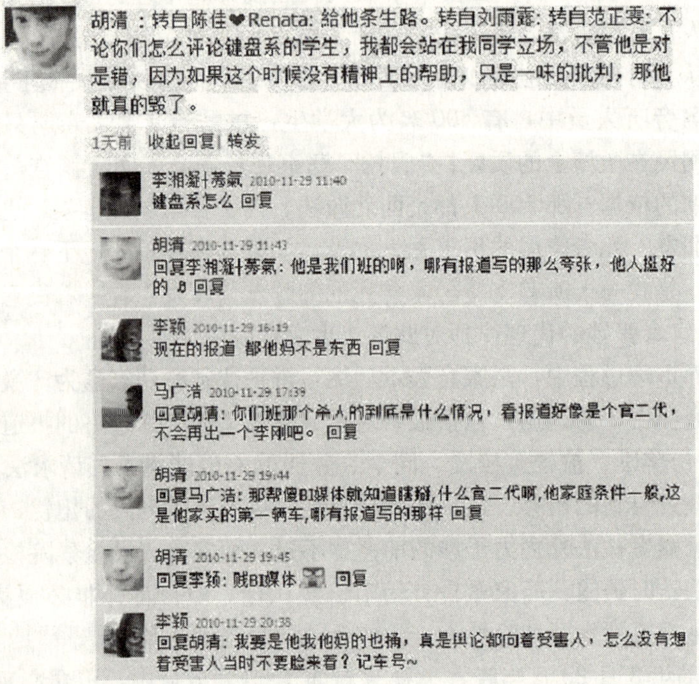

图片来源：人人网截图

2011年4月起，在等待一审判决的二十多天里，张显一边接受媒体采访，一边在微博和博客上频频发言，其在微博上发布的“药家怎么比李刚家还牛”、“据媒体披露，在房价高企的西安，药家在市区内居然有四处房产”、“药父必有重大隐情，药父身居我军军械采购要职，利益纠葛颇多”等“煽动性”内容，称药家鑫是“富二代”、“官二代”、“军二代”，在很大程度上影响了微博网友对药家鑫案的态度。

药父必有重大隐情，药父身居我军军械采购要职，利益纠葛颇多，望中央军委彻查此人经济问题，肃清军械采购环节蛀虫。（新浪微博 4 月 23 日 10：39）

而据媒体披露，在房价高企的西安，药家在市区内居然有四处房产……药家资产超出药父母收入水平数倍。（新浪微博 4 月 23 日 10：39）

据称：药庆伟 2003 年转业，那时药家鑫才上初中二年级，药家

鑫就读艺术院校，大学期间还这样奢侈，让人疑问颇多。（新浪微博4月23日10：43）

除此之外，他还数度追问药家鑫案背后的权力关系，问题多指向司法公正甚至腐败问题：

是什么力量阻止对药家社会关系的调查，药家怎么比李刚家还这么牛……黑手太强大了！（新浪微博4月15日00：04）

因为这么简单、直接、明了的案子，为什么拖到了现在，是效率问题，还是阻力问题。值得深思。（新浪微博4月18日17：33）

愿中纪委进驻陕西，从药家鑫案入手，找出陕西司法存在的问题。能挖出腐败就更好了。（新浪微博4月20日23：39）

随着网友在讨论中逐渐累积的不满情绪，网络舆论已给药家鑫贴上了“不杀不足以平民愤”的标签，给司法量刑带来了很大的舆论压力。有150484位网民参与的网易“你认为药家鑫是否应当被判死刑”主题调查中，高达95.5%的受调查网民认为药家鑫该判死刑。

2011年4月17日，高晓松发布微博评论药家鑫事件：“朋友问我怎么看药家鑫案？我说即便他活着出来，也会被当街撞死，没死干净也会被补几刀。人类全部的历史告诉我们：有法有天时人民奉公守法，无法无天时人民替天行道。至于有人能一手遮天，那纯属杞人忧天。另外鉴于西安音乐学院学生集体支持药家鑫，今后音乐界将不接受他们，生命都漠视的人会爱音乐吗？”该微博被转发5万余次，大量网民表示支持。然而不到一个月，高晓松本人就因酒后驾车造成4车连撞，4人轻伤，最终因危险驾驶罪被判拘役6个月，此时网民反讽高晓松“生命都漠视的人会爱音乐吗”？

2011年4月22日，西安市中级人民法院一审宣判，药家鑫犯故意杀人罪，被判处死刑，剥夺政治权利终身，并判处赔偿被害人家属经济损失45498.5元。

2011年4月28日，药家鑫提出上诉。

2011年5月20日，陕西省高级人民法院对药家鑫案二审维持一审死刑判决。

2011年5月31日，药家鑫父亲药庆伟开通微博，通过微博向被害人及其家属致歉。此后，药庆伟又通过微博反驳张显关于药家背景的种种言论，称张显所述内容失实。

2011年6月7日上午，药家鑫被执行死刑。

2011年8月4日，药家鑫之父药庆伟起诉张显因微博言论不当对其构成名誉侵权，张显也在微博上承认其言论失实，从而引发了舆论的又一轮热议。媒体和微博网友纷纷反思，为所谓的司法公正而利用自己的影响“发动舆论”的方式，是否究竟合理，如此争取话语权是否应该？

二、回应对比

时间	网民关注	官方回应	其他回应
事发第一个月 2010年11月	1. 震惊于药家鑫的残忍手段 2. 药家鑫说“听说被农村人缠上很麻烦”惹众怒 3. 挖掘药家鑫背景，追问其是否是“富二代”、“官二代”、“军二代”	公布详细案情	——
事发第五个月 2011年3月	1. 调侃药家鑫的辩护律师提出的“激情杀人”说 2. 质疑庭审问卷程序 3. 指责写“请愿书”的人，怀疑其是否受权力逼诱 4. 认为某些专家和媒体在为药家鑫洗白 5. 大多数网友为孔庆东“药家鑫长的就像杀人犯”的言论叫好	庭审前做问卷并非首次，药家鑫自首行为已认定	受害人张妙代理人张显质疑庭审问卷程序，并多次在媒体上就药家鑫事件发声
事发第六个月 2011年4月	1. 微博爆出药家鑫“师妹”的“我要是他我也捅”留言，网友愤怒不已 2. 继续追问药家背景 3. 认为药家鑫一审判死刑充分体现了司法的公正性，但又担心二审会推翻死刑判决	药家鑫一审判死刑	张显不断在个人微博上爆料，暗示药家鑫家庭背景雄厚
事发第七个月 2011年5月	1. 认为二审仍判死刑大快人心 2. 关注药家鑫父亲的微博，对此前诸多信息被虚构、夸大等情况进行反思	药家鑫二审仍判死刑	药家鑫之父药庆伟开通微博，向公众道歉之余澄清此前张显所提及的不实信息
事发第八个月 2011年6月	——	药家鑫被执行静脉注射死刑	——
事发第十个月 2011年8月	回到对“废死刑”和“用舆论追求正义”的反思	——	药庆伟起诉张显因微博言论不当对其构成名誉侵权，张显也在微博上承认其言论失实

三、舆情研判

据 IRI 监测数据显示：2010 年 10 月 20 日至 2011 年 1 月 11 日，关于药家鑫的新闻报道共有 1448 篇，网民跟帖回复量累计 593801 条；相关的论坛主帖 83 篇，点击阅读量累计 285067 次，跟帖评论量累计 1811 条；相关微博 4481 条。从 2011 年 3 月 23 日至 2011 年 6 月 7 日，关于药家鑫的新闻报道共有 9498 篇，网民跟帖回复量累计 8830907 条；相关的论坛主帖 3618 篇，点击阅读量累计 285419603 次，跟帖评论量累计 314444 条；相关的博客文章 192 篇，浏览量 11092 次，评论 433 条；相关微博 2712802 条。

（一）舆情指数

IRI 根据承办的国家社科基金重大课题（07&ZD041）子课题“网络舆情指数体系（IRI）研究”，基于 I-Catch 全网动态分析和网络舆情 100 典型网站样本分析，绘制“药家鑫事件网络舆情指数趋势图”如下：

药家鑫事件网络舆情指数图

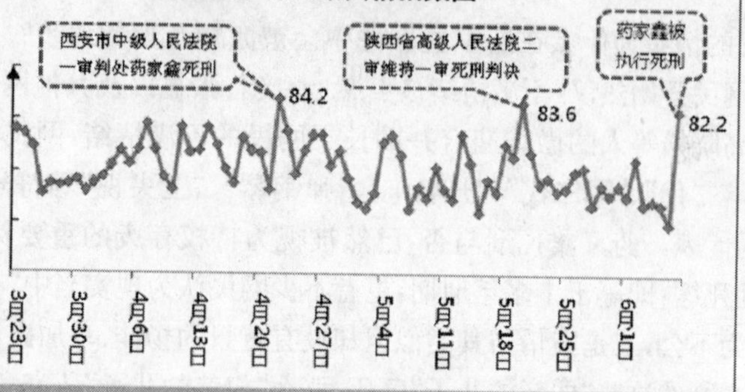

数据来源：中国传媒大学网络舆情（口碑）研究所/艾利艾咨询（IRI）2011. 09. 10

如图所示，药家鑫事件在 2011 年 3 月 23 日开庭审理之前，网络舆情关注度相对整体较低，自开庭审理后，不断有关于当事人的消息爆出，网友热烈讨论，舆情指数开始在较高位波动。在两次判决结果发布当日和药家鑫最终被执行死刑之日，网络舆情指数达到最高。

（二）网民关注点

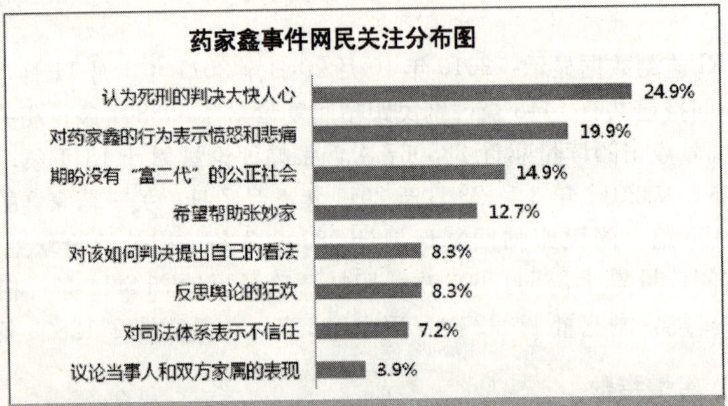

数据来源：中国传媒大学网络舆情（口碑）研究所/艾利艾咨询（IRI）2011. 09. 10

四、舆情点评

（一）贴标签、谣言是点燃药家鑫事件中网民情绪的催化剂

网民的情绪为什么在药家鑫事件中会被激化至如此地步？主要有以下原因：一是网民开始热议，不满情绪被点燃，紧接着张显以及其他网络意见领袖如孔庆东、高晓松等人的微博迎合并助长了网民的不满情绪，网民很快给药家鑫贴上了“富二代”、“军二代”、“开名车”、“弹钢琴”、“上央视”等符号，并将其勾勒成权势的代表。药家鑫死刑与否，已然被视为特权存废的重要标志；二是因为倘若判处死缓，即等于十多年刑期，更有不少网民认为现实当中“有门路者”刑期更短，极为不公；三是案情与其类似但却没有背景的杨佳、马加爵等人已死，在不少人眼中，既然这些“弱者的儿子”已死，那么“权势的儿子”药家鑫同样当死。在网络舆论的逻辑中，正义、有效的司法体系被简单地与“判处药家鑫死刑”画上等号。网民的种种愤怒、担忧、盼望、焦虑和猜测彼此呼应，“仇官”、“仇富”情绪不断推动，使得药家鑫案的舆情在一审判决之前到达顶峰。

（二）微博越来越成为一种“情绪化媒介”

微博的即时性和碎片化等特征，给了每个人“无障碍表达”的机会，从而使微博上网民的情绪释放形成强大的力量。微博传播呈“情绪化媒介”的特点包括：随心所欲、直指人心（宣泄情绪和召唤行动等）、充分的现场感、广场式传播等，这些在微博网友对药家鑫事件激烈的讨论中展露无遗。当

“药家鑫必死”成了替代“公正”的口号，当网络舆论对“军二代”等谣言轻易地信以为真，当废除死刑的讨论不再有客观理性的舆论环境，网民就越发的不愿意去寻求所谓的真相，而是愿意去寻求符合自己情绪的真相。

关联阅读

网友改编的药家鑫版《传奇》歌词：

只因为被你撞后多看了你一眼
立即看到你杀气的容颜
我知道很快就会和你再相见
阴间的我开始盼着这一天
想你时你在串联
想你时你在翻案
想你时你在请人
想你时你在送钱
谁能相信我们前世有冤
这次车祸杀人一定要你还
天下百姓终会让你发现
他们一直在我身边/从未走远……

干部桃色丑闻系列事件

图片来源：合肥晚报①

2011年6月以来，有关地方党政干部的“桃色”丑闻接连不断，成为网上一大热点。从“裸聊”到“艳照”，从“调情”到“开房”，在一个“有图有真相”的网络时代，一些党政干部的“声色犬马”之事一次次刺激着公众神经，挑战社会的道德伦理底线，也严重损害了党政形象。面对舆论危机，多数事件中的相关部门反应及时，态度果断，回应效果良好，但也有个别事件主体的应对表现不佳，导致舆情发展一波三折，跌宕起伏。一系列党政干部“桃色”事件的发展过程表明，通过微博、论坛等网络公开平台，网民爆料和强势围观能有效推动事件发展，微博等自媒体已成为社会公共反腐、舆论监督的一把利器。

① 合肥晚报，《公务员“裸聊”不算违纪?》，http://news.xinhuanet.com/comments/2011-06/23/c_121572970.htm

一、进程实录

（一）广州街道办主任“裸聊”

2011 年 6 月上旬，多个网站的微博上出现了广州白云区新市街道办事处主任刘某在网上“裸聊”的照片和相关帖文。随帖附有的裸聊截图共五张，或半裸或全裸[①]。此外，有网帖还贴出了从网上下载的一张“2011 年 1 月 24 日白云区新市街道办事处主任慰问计划生育贫困户”的新闻图片，对比显示，新闻照片与网帖截图中的男子非常相似。除了裸聊，网帖还指刘某多次受贿，此次曝光就是希望有关部门将其严惩。

2011 年 6 月 19 日，刘某在接受记者采访时称，已向组织汇报，但自己不方便说，了解“裸聊”这个事情，要通过组织。

2011 年 6 月 20 日，广州白云区纪委、监察局称，已对刘某进行调查，暂未发现存在其他违纪违法行为，但提醒他要注意个人形象，检点个人行为。

2011 年 7 月 3 日，官方证实刘某已被免职。

（二）湖南 4 人合成艳照敲诈 48 位领导

2010 年 7 月，一个来自湖南的 4 人诈骗团伙，将在网上搜索到的县级党政干部的资料、照片通过电脑合成“艳照”，然后将它们与敲诈信件一同寄给五省市数十位领导。短短一个月，有 5 人共给他们汇去了 33 万元，其中合肥某局副局长竟给转来了 10 万元。但是另外 43 封敲诈信寄出后，当事人很快向当地公安机关报案。随后，犯罪嫌疑人被警方抓获。

（三）昆明发改委工作人员“多人性爱不雅照”

2011 年 7 月 31 日，一条题为《捡到 U 盘，疑似昆明发改委官员艳照视频，请纪委收货》的帖子在国内某些知名论坛、贴吧疯传。发帖者称，自己在昆明某洗浴中心包房内捡到 U 盘，发现几段自拍淫乱视频。帖子随附了 3 张视频截图，内容淫乱不堪，有数对男女赤身裸体。不过，图片像素较低，

---

① 羊城晚报，《街道办主任身陷“艳照门”，被疑网上裸聊》，http://news.qq.com/a/20110620/000939.htm

除一名坐在床上吸烟的男子面庞较为清晰，其他人面容均不清楚[1]。当天下午起，转有该帖及其照片的微博成为微博热点，网民转发、评论上千。当晚23时左右，发布了该帖的论坛之一昆明信息港接到了"当事人"的电话，着急要求删帖。据称，对方还表示，自己遭人诬陷，"那是PS的，我已经报警了。"

2011年8月1日16时，昆明发改委表示，经查没有这位工作人员，网帖反映的内容不属实，已向公安局报案。但是，细心网民搜索发现，网帖中的手机号码与多个网站上公开的昆明市发改委工作人员成某某的联系方式一致。有人甚至把成某某曾经接受电视采访时的截图贴到了网上，其容貌与艳照中的男一号十分相似。

2011年8月2日，昆明发改委态度发生了变化，承认成某某为"多人性爱不雅照"当事人，并称已将此人调离原工作岗位。

2011年8月3日，昆明发改委又表示，视频中的人是否确系成某某，还有待公安机关调查。昆明发改委中确有成某某这个工作人员，但他是否就是视频中人，尚待公安机关调查，此前说成某某是"当事人"，并非是指成是照片中人，而是指被照片涉及的"当事人"。当晚，云南网发布消息称，记者从昆明市公安局获悉，经技术鉴定，昆明市发改委艳照门均为PS。但是当天，当地公安局及宣传部门（云南网所称消息的直接来源）在接受媒体采访时，均否认发布过该消息。公安局甚至否认做过网传照片合成与否的技术鉴定。

2011年8月4日，同样的鉴定消息又出现了在了昆明日报网络版上，并且也显示来自昆明公安局。当天上午，昆明市委宣传部的官方微博"@昆宣发布"也转发了云南网的消息，但不到20分钟就删除了。下午，昆明信息港发布消息，称4日上午，昆明公安局证实昆明发改委官员艳照系拼接修改合成。稍后，"@昆宣发布"再次转发，注明来源为昆明信息港。随后，公安局新闻发言人也在其个人微博上确认，图片经警方鉴定被加工处理过。

如此，一条68字的官方快讯在网上发了又删，删了又发，着实曲折。网民指出，即便官方确认图片经"人工拼接"，也始终未就"艳照中男子的头像有没有被PS过"这一核心事实进行回应。在多方表态互相矛盾的同时，鉴定结论也遭到了网民质疑。不止一位专业人士认为，综合各种迹象，照片故意伪造的可能性很低。

2011年8月9日晚，就在公众莫衷一是之时，昆明市公安局召开新闻

---

① 天涯论坛，《捡到U盘，疑似昆明发改委官员艳照视频，请纪委收货》，http://bbs.city.tianya.cn/tianyacity/content/62/1/564940.shtml

发布会，通报“昆明发改委官员艳照”事件为有预谋的敲诈勒索，成某某不仅参与了聚众淫乱，而且因此被敲诈勒索。互联网上涉及本案的图片，经警方技术鉴定、涉案人员供述和当事人成某陈述，犯罪嫌疑人对截图做过“技术处理”。

2011 年 8 月 11 日，媒体报道，成某某因涉嫌聚众淫乱已被“双开”并移送公安机关。对此，有学者指出，“聚众淫乱”属于公民受保护的人身自由权利的范畴，违反社会习俗的行为应当由伦理道德来规范，而不是由刑法来规范。这一观点再次引起网民热议。

（四）汝阳人大成员“艳照门”

2011 年 7 月 31 日晚，就在昆明“多人性爱不雅照”沸沸扬扬之时，天涯社区的一条帖子让河南汝阳县人大常委会党组成员田某某也同样陷入“艳照门”。发帖人自称是河南洛阳郊县的下岗女工，指河南省汝阳县人大主任以为她换工作为名，“以权骗色”，并自拍不雅视频。网帖还贴出数张图片，呼吁“有良知的网友把他的行为曝光，不要再危害社会”①。

2011 年 8 月 1 日下午至 2 日凌晨，部分论坛也出现了《疑似河南汝阳县某人大主任艳照曝光》的网帖，引来围观。多数网民跟帖嘲笑，还有部分人怀疑图片的真实性，“求视频，求真相。”微博网友快速跟进，纷纷转发，“疑似河南汝阳县人大主任火了！”

2011 年 8 月 2 日，汝阳县人大回应称，此事不属实，照片中男子并非该县人大常委会主任马某某。对于回应中的“时间不符”之证据，网民表示期待更多真相。同日，洛阳市纪委成立调查组，调查事件。

2011 年 8 月 3 日，调查组通报，确定网帖中的当事人为县人大常委会党组成员田某某，已将其停职，深入调查还在进行中。

2011 年 9 月 16 日，洛阳官方网站发布消息，田某某已被“双开”，且因涉嫌其他问题被移送司法机关。

（五）开化国土局副局长被妻子微博举报

2011 年 8 月 1 日，一则“开化县国土资源局副局长包养情妇”的消息开始在微博上流传，发帖人名为“@夕阳下的秋叶”，自称是该副局长的夫人。此前，该网友从 7 月 14 日起写下第一条揭“丑”微博，但当时没有得

---

① 天涯论坛，《疑似河南省汝阳县某人大主任艳照曝光》，http：//www.tianya.cn/publicforum/content/no04/1/1792492.shtml

到关注[①]。在“火”起来的那条微博中，博主说丈夫包养情妇，但执法部门互相包庇，自己活得很痛苦，担心自己成为下一个杀人犯。网友劝其克制，不能做有违法律的事；也有网友对其表示同情，建议举报该副局长。

2011年8月2日，“@夕阳下的秋叶”发微博称已将举报材料发至当地纪委。当日，有记者获悉，衢州市国土资源局纪委已介入调查此事。

2011年8月15日晚，当地纪委初步认定朱某某确存违纪行为，免去其公职。

（六）成都党办主任微博调情

2011年8月4日，微博网友截图爆料，4月12日，疑为成都市青羊区教育局党办主任的实名认证用户赵某某，在微博上看到女博友自曝胸部大尺度照片后，发表评论赞叹，两人的调情对白被围观网友截图。截图显示，评论时间似为上班时间[②]。此帖一出，立刻引来网民围观拍砖。有指其有伤风化，更有质疑“他是不是在上班时间说这些话？是不是用单位电脑发的微博”。

当天下午，青羊区教育局党委做出处理决定：赵某某在上班时间违犯工作纪律情况属实，免去其党办主任职务，并调离局党委办公室。

（七）黄石法院院长与举报人之妻开房

2011年8月11日，猫扑论坛上出现了一篇实名举报帖，曝黄石中院院长方某某与举报人妻子有染，引众多网民围观。举报人称，方某某不仅开公车接其妻开房，还插手其夫妻离婚诉讼的财产查封事宜。举报材料提供了2009年8月26日方某某的开房清单，当天为农历“七夕情人节”。此事随即在微博上引发热议[③]。

2011年8月11日当晚，当事院长回应称，他与举报人夫妇系正常朋友关系，没有与举报人妻子过夜，开房是为了谈事情，谈了不到一个小时，没有过夜。对此，网民嘘声一片。事件曝光后，湖北纪委成立调查组，着手调查此事。

---

① 该微博账号已无法追溯，与事件相关详细内容可参见：北京青年报，《开化县国土局副局长，被妻子微博举报》，http：//finance.qq.com/a/20110806/000625.htm

② 与此事件相关新闻及图片可参见：四川新闻网，《网曝成都青羊区教育局领导上班时间与大波女微博调情》，http：//news.ifeng.com/mainland/detail_2011_08/04/8180686_0.shtml

③ 新京报，《湖北黄石中级法院院长被曝与有夫之妇开房》，http：//news.163.com/11/0812/04/7B7ROVIO00014AED.html

2011 年 9 月 20 日，在调查结论尚未公布之时，黄石市政府通报称，市人大已接受方某某提出的辞职请求。对此，不少网友表示，事件还应深究，不能一句“辞职”就不了了之。

（八）贵州“艾滋副县长”

2011 年 8 月 14 日晚，网友“刘虎”发微博称，贵州某县，一位分管工业经贸的副县长落马了，在看守所内查出患了艾滋，其供认的桃色交易名单多达 30 多人。这条消息在网民的快速转发下，也引起了传统媒体的注意①。

2011 年 8 月 15 日，“艾滋副县长”的相关消息由《新快报》、《新闻晨报》报道，当日迅速成为网络热点，网媒转载上百。受之前接连多起党政干部“艳照”、“裸聊”事件影响，网民评论多为戏谑讥讽，也有评论质疑权威部门的失语，强调公众的知情权。

2011 年 8 月 16 日，舆情进一步发酵，多家传统媒体和网媒开始由对事实的转载和追逐，转向更深层次的评论和思考，引起网民关注和讨论。

2011 年 8 月 17 日，舆情开始回落，19 日后逐渐归于沉寂。

2011 年 8 月 23 日，媒体报道称，贵州落马副县长被证确有性病，并和多名女子有染，再次引发网民热议。

（九）宁陕副县长“伪艳照”

2011 年 8 月 16 日，一篇题为《陕西安康市宁陕县副县长唐××与女干部艳照遭曝光》出现在国内某知名论坛。文章除了罗列了宁陕县副县长唐某某的“六宗罪”，包括人事任命、工程发包、入股矿山等 6 个问题，还附有 5 张裸照，显示为一中年男子赤裸上身准备上床。据介绍，其中一张照片中，“被窝里藏着的就是广货街镇某女干部。”②

2011 年 8 月 17 日，该帖内容和照片在微博上开始疯传。当天，唐某某称网帖文图均不属实，并逐一回应质疑。

2011 年 8 月 25 日，宁陕县外宣办称，网上热传的宁陕县副县长“裸照门”属实施敲诈勒索的移植照片。经纪委调查，网贴中反映的当事人的其他问题也失实。

---

① 相关新闻可参见：新快报，《贵州落马副县长被传感染艾滋，疑与数十人有染》，http：//www.chinadaily.com.cn/micro-reading/dzh/2011－08－15/content_3498046.html

② 帖子内容可参见：陕西论坛，《陕西安康市宁陕县副县长唐××与女干部艳照遭曝光》，http：//bbs.hsw.cn/read-htm-tid－2973220－page－1.html

（十）安徽发改委工作人员“裸聊”

2011年9月3日上午，网友“恨阮淫秽”在安徽宁国社区论坛上发帖，称当地一部门工作人员玩弄妇女。作为有力证据，某男子的裸聊视频截图也出现在该网友的QQ空间内。网友还表示“恨他无情，恨他无义，恨他淫秽”，似乎情怨很深①。

2011年9月4日，此事见报，微博上亦有讨论。当天上午，宁国市纪委（监察局）便组成了调查组着手调查。经查，网友所指对象系该市发改委科员阮某某，患有严重痛风，从2003年起便一直在家养病。阮某某在回应采访时称，该网友是一名离异女子，因为他没有满足其要求而报复。

2011年9月9日，宁国市纪委（监察局）通报，事件属实，决定给予阮某某开除党籍、行政降级处分。

二、回应对比

事件	处置时间	时间	网民关注	官方回应
成都党办主任微博调情	1天	8月4日	微博截图爆料，关注其是否在上班时间发微博	局党委处理决定：当事人免职并调离
安徽发改委工作人员“裸聊”	7天	9月3日	事件经论坛曝光	
		9月4—8日	微博网友议论干部素质	4日，市纪委（监察局）着手调查。阮某某回应称受该网友报复
		9月9日	近期发改委问题频发	市纪委（监察局）通报，开除阮某某党籍，降级
宁陕副县长“伪艳照”	9天	8月16日	网帖曝光，裸照不堪入目	
		8月17—24日	微博疯传，网民求真相，对当事人回应表示质疑	当事人回应网帖不属实，并逐一回应质疑
		8月25日	事件解决，效率高	外宣办称，“裸照门”为造假勒索，网帖反映的其他问题也失实

① 有关于此事件的新闻报道及图片可参见：中安在线，《安徽一发改委职员被曝与女网友视频裸聊》，http：//news.qq.com/a/20110904/000099.htm？pgv_ref=aio

续表

事件	处置时间	时间	网民关注	官方回应
昆明发改委工作人员“多人性爱不雅照”	12天	7月31日	论坛爆料。微博网民转发、评论，求真相	当事人要求论坛删帖，称照片系PS
		8月1日	手机号等证据表明，当事人极似市发改委的成某某	发改委表示没有这位工作人员，已报案
		8月2日	质疑当事人称照片系PS	发改委承认成某某为当事人，将此人调岗
		8月3日	1. 照片究竟是否PS 2. 发改委前后说法不一 3. 多方说法不一，真相究竟如何	1. 发改委否认确认“当事人”为成某某 2. 云南网称，公安局鉴定艳照均为PS。但公安局及宣传部门否认发布过该消息
		8月4—8日	1. 质疑官方鉴定结论 2. “艳照头像是否PS过”？官方始终未回应	4日，微博“@昆宣发布”发布官方消息，但发了又删，删了又发。公安局新闻发言人确认图片被加工处理过
昆明发改委工作人员“多人性爱不雅照”	12天	8月9—10日	1. “淫乱参与者”原来是“受害者” 2. “PS”还是“色诱”？官方说法莫衷一是	9日，公安局通报： 1. 事件系成某某参与聚众淫乱，被有预谋地敲诈勒索 2. 截图做过技术处理
		8月11日	“聚众淫乱”是否属公民人身自由权，是否能由刑法来规范	成某某因涉嫌聚众淫乱被“双开”并移送公安机关
开化国土局副局长被妻子微博举报	15天	8月1日	妻子在微博爆料，网友劝其克制，并建议举报副局长	
		8月2—14日	微博称已上报举报材料，网民关注事件进展	市国土资源局纪委介入调查此事
		8月15日	妻子举报成反腐利器	纪委免去副局长公职
广州白云区新市街道办主任“裸聊”	约1个月	6月上旬—19日	微博爆料。关注刘某是否“裸聊”，并多次受贿	
		6月20日	关注刘某回应，为何要向组织了解“裸聊”一事	调查暂未发现刘某其他违纪违法行为
		7月3日	既然之前称没违法违纪，为何又要免职	官方证实刘某被免职

续表

事件	处置时间	时间	网民关注	官方回应
黄石法院院长与举报人之妻开房	41天	8月11日	论坛上出现举报帖，网民围观	当事院长回应称其与举报人妻子关系正常，开房没过夜
		8月12日—9月19日	质疑当事院长的回应	12日，湖北纪委着手调查此事
		9月20日	网友表示，事件应深究，“辞职”也不能不了了之	市政府通报称，当事院长已主动辞职
汝阳人大成员“艳照门”	49天	7月31日	论坛爆料，网民围观	
		8月1日	微博快速跟进，网民嘲笑，有人怀疑图片的真实性	
		8月2日	对于回应中的“时间不符”之证据，网民期待更多真相	县人大回应：事主并非县人大常委会主任马某某。市纪委开始调查
		8月3日—9月15日	关注事件进展，嘲笑戏谑该人大成员	通报确定当事人为田某某，已将其停职，继续深入调查
		9月16日	如此干部损害党政形象	通报田某某已被“双开”，并送司法机关
贵州“艾滋副县长”	/	8月14日	网友发微博爆料。网民快速转发	——
		8月15日	网民戏谑讥讽，也有质疑权威部门的失语	
		8月16日	由对事实的转载转向深层次的评论和思考	
		8月23日	媒体报道，落马副县长被证确有性病，并和多名女子有染，再次引发网民热议	

三、舆情研判

据IRI监测数据显示：2011年7月31日至9月9日，网曝干部“桃色”丑闻共引发相关新闻5487篇，涉及网站645家，网民评论1240246条。相关论坛主帖493个，回复11357条；相关博客文章95篇，回复82条；相关微博6653条。

（一）舆情指数

IRI根据承办的国家社科基金重大课题（07&ZD041）子课题“网络舆情指数体系（IRI）研究”，基于I-Catch全网动态分析和网络舆情100典型网站样本分析，绘制了7月31日至9月9日的“网曝干部‘桃色’丑闻舆情指数图”，如下图所示：

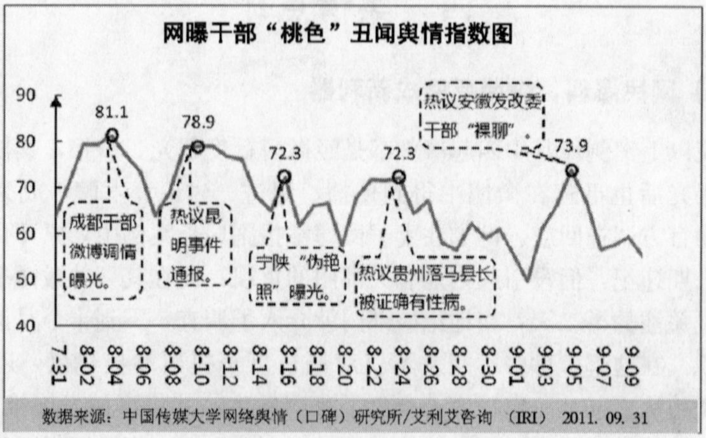

如图所示，从 7 月 31 日起，特别是在整个 8 月间，由于网上屡屡曝出干部“桃色”丑闻，所以舆情指数图呈现多次高峰的态势。其中，成都党办主任微博调情事件、昆明“多人性爱不雅照”事件、宁陕副县长“伪艳照”事件、贵州“艾滋副县长”是其中的热点事件，而 9 月曝出的安徽发改委工作人员“裸聊”事件再次将原本走低的舆情拉高。需要说明的是，其他几起 8 月份的事件虽然没有在舆情指数图的时间节点上明确一一标明，但其进展过程部分与以上热点事件重合，从而共同强化了舆论热度。例如汝阳人大成员“艳照门”事件从 7 月 31 日与昆明事件几乎同步曝光，直到 9 月得到正式解决，其进程事件所带来的网民反响也极为强烈。

（二）网民关注点

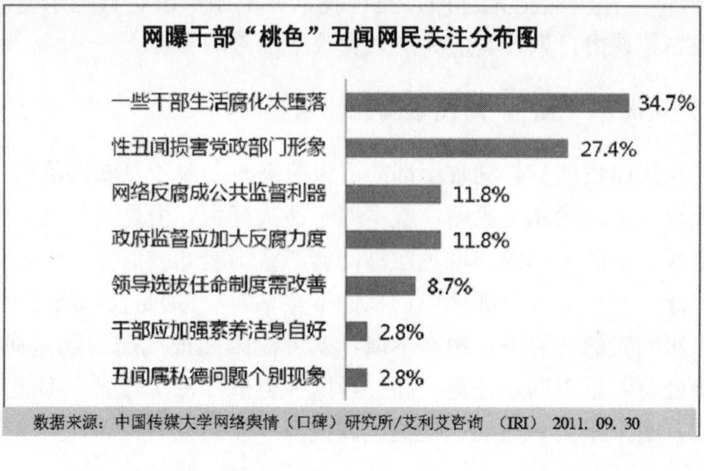

四、舆情点评

（一）网民爆料，微博反腐成新利器

综观以上案例，其中四起事件都是经微博首度曝光、举报，其他几起事件一经曝光后也迅速在微博中得到传播、跟进、讨论、发酵，成为网络热点，推动官方调查回应。例如在妻子微博举报副局长案例中，原开化国土局副局长长期违纪，但没引起当地有关部门的重视，而在其妻的微博举报引起广大网民关注的第二天，当地纪检部门就介入了调查，不到半个月该副局长就被免职。在这起事件中，网友不仅对局长妻子提出举报建议，还劝其克制，不做违法之事，一定程度上避免了悲剧发生，并将事件发展推向健康、合理的方向。微博已成为当下网络反腐的新利器，这一现象已得到许多网民的认同。

（二）自我曝光，网络素养亟待提高

数起微博自曝“桃色”事件，都反映出当前部分党政干部的网络素养不佳，缺乏“与时俱进”。其表现一是不懂网络新媒体、新技术，二是没有深刻认识到在网络中，稍有与其身份不符的一句话可能产生的严重后果。党办主任微博调情事件中，除了对于自身的党政干部身份缺乏起码的自重之外，当事人显然没有意识到微博的公共性和开放性，才会公然在办公时间与他人调情，且言语轻浮，毫不顾忌。值得注意的是，在调情过程中，即便是女博主，都能敏感地意识到该党办主任的行为不妥，提醒“加 v 的官勃呀，表乱看哦”，但该主任仍然全无避讳，我行我素，不删不改，直至东窗事发。如此啼笑皆非，咎由自取，实应为广大党政干部敲响警钟。

（三）私德不“私”，网民眼睛无比雪亮

虽然从法律角度看，党政干部的“风流韵事”属于其私德范畴，只要不违反成人、自愿、隐私三原则，就不属于违法行为，但是从社会影响、公众舆论角度看，党政干部的“桃色”事件会严重影响党政形象，破坏党政的公信力。因此，对于党政干部来说，私德不“私”，特别是在网络曝光成本低、传播快、影响大的环境下，稍有不慎，就可能因私德问题而陷入舆论风波，轻则被责处分，重则断送仕途。此外，这一类事件每次曝光，都能迅速聚集网民眼球，引来指责、质疑、嘲笑、调侃声一片。究其原因，除了公众对于

党政干部的私德情况极为敏感，还在于人们意识到，自古“淫”、“贪”难分离，通常在那些“不雅照”、“不堪事”背后，可能牵连着更为重大的违法违纪行为。因此妥善处理个人生活，洁身自好，修身养性，是杜绝此类舆情事件的根本途径。

（四）反应及时，处理果断方为上策

在舆情发生后，相关部门的反应速度是考验其舆情应对能力的重要标准之一。数起案例中，最为“快刀斫乱麻”的就是成都党办主任微博调情事件。事件曝光当天下午，当事人所在单位党委就向公众发布了处理决定，将当事人免职并调离，从而迅速“扑灭”舆情，可谓处理果断，毫不手软。不过，第一时间快速反应固然可贵，也不能以事实的真实性和权威部门的公信力为代价。在昆明“多人性爱不雅照”事件中，对于照片中人是否为其工作人员，昆明市发改委的回答多次反复，而对于照片是否经 PS，官网、公安局和宣传部门间又说法不一，并且始终没有对“照片头像是否经 PS”这一核心事实给予回应，公众的信心与耐心被逐渐消磨殆尽，因此直至事件结果公布，依然难以完全打消公众质疑。

关注舆情，反应及时，处理果断但不武断，避免语言歧义，统一官方说法，实现信息透明，才能真正实现与民沟通，有效化解舆情。

微博谣言系列事件

图片来源：中国青年报①

互联网时代最大的特征之一即是海量信息，正是海量信息的存在给予了网络不实信息生存的空间。微博作为社会化媒体时代最重要的聚合技术革命，其短小精悍、碎片化及无可比拟的速度更是给予了网络谣言生存和传播的巨大空间。细数 2011 年由于微博所引发的重大突发事件，均有谣言的身影，譬如 7·23 甬温线特别重大铁路交通事故、郭美美事件、抢盐事件等。再看微博时代的谣言，类型虽各不相同，内容各有区别，但核心问题往往指向对网民的网络素养与政府的网络形象及公信力的拷问。微博时代打破谣言，需要政府、网民、微博平台等多方面的共同努力。

① 中国青年报，《73% 民众将谣言泛滥原因归因于政府信息发布不透明》，http://www.sz.js.cn/china/topnews/2186282.shtml

一、进程实录

(一)"金庸去世了"

2010年12月6日19时许，一条关于金庸去世的消息在微博上疯传开，这条首发者不明的微博，起初还被微博网友以"求证"的形式转发，但很快，在相当多网友发布的微博中，已经变成"正式"的"讣告"，其中不乏认证用户。

2010年12月6日晚20：41，记者闾丘露薇在自己的微博中写道："假消息，金庸日前刚出席树仁大学荣誉博士颁授仪式。另外，香港没有这家医院，造谣者也太不专业。其实大家自己google一下就知道了。"同时，也有一些用户基于"如果是真的，不可能1小时后仍然没有媒体报道"等"常识"，判断金庸去世消息可信度低。

2010年12月7日，金庸创办的《明报》就"金庸去世"一传言进行正式辟谣。

(二)"女大学生被留学生强奸，学校用保研封口"

2011年5月上旬，一条微博进入人们视野："7日晚，江西中医学院有个女生在实验楼被留学生强奸，他（她）的男友当时也在场，被几个老外按住，让他看到自己的女友在自己眼前被糟蹋！学校为息事宁人，使出老办法，（让女生）公费保研……"① 同时，西北民族大学也有类似消息传出："该校3名女生先后被民工轮奸，学校不给予解决，而只是以'保研'来'抚慰'女生，但其中1名女生由于羞愧与难过，以及对今后生活的无望便于第二日自杀，其余两位则被'保研'"。

这些消息耸人听闻，迅速被微博网友转发。但近年来此类传言太多，也有不少网友并不相信。豆瓣网上甚至有网友发起表示调侃的调查活动。

2011年5月15日，西北民族大学通过官网发布声明称，近日，在部分网络论坛出现有关"西北民族大学三女生被民工轮奸，学校承诺被害女生保研"的帖子，给学校声誉造成恶劣影响。经查实，西北民族大学"从未发生帖子中所说之事，该消息纯属谣言，目前学校秩序正常"。声明还称，学校将保留追究谣言制造者责任的权利。

---

① 被证实为谣言后相关微博已删除。内容见：新快报，《江西中医学院称女生被留学生强奸系谣言已报案》，http：//news.163.com/11/0510/01/73LHVDL500014AED.html

（三）“大同对抗拆百姓架起机关枪”

2011年5月18日，一篇名为《山西大同市魏都大道居民遭“不明身份人员”夜袭》的帖子在网上流传，帖子中写道：山西大同市魏都大道遭强拆，住户被强行赶出家门，至17日晚间仍无家可归，雨中坚持在道路中间抗议，声援市民不断送去雨衣、食品等。而大同的警察、消防、特警则将新建南路整条拦住，进行戒严，“数十辆消防汽车用水枪对着人群，和全副武装的防暴大队，在新建南路西侧的大同市图书大厦已经关闭，从2楼到屋顶已经有武装特警架起机枪严阵以待，随时对付抗议人群”。消息被迅速转至微博，并被疯狂转发。不少微博突出“以机关枪对付抗议人群”这一信息，甚至还有微博表示事件中官民激烈冲突，造成严重死伤等，其中不乏认证人士。

2011年5月18日下午，大同当地警方作出回应，声明指出：5月17日凌晨1点多，拆迁公司的工作人员对位于魏都大道体育馆对面的南郊住宅楼内办理完拆迁安置手续的部分房屋实施门窗拆除工作，由于该事件发生突然，且拆迁公司行动欠妥，引起了南郊住宅楼住户情绪的激动，封堵了魏都大道。目前住户提出的问题正在逐一解决，住户情绪逐步平稳。

2011年5月18日晚，即有当地居民表示“机关枪对付群众”消息不可信。山西微博网友“@赵亚杰 smile”写道：“5月17号，那天我放学回家，坐车正好要经过魏都大道，可是路口那里有几个交警不让进入，我往里一看，就是零零散散的几十个人堵在路中央，没有武警，没有特警，没有机枪，没有装甲车，交警也是怕他们堵在路上，车辆过不去才封路的，造谣的有点智商好不好，路中央站着人你不封路行吗，让车往过碾吗。”“什么谣言呀，我就是大同人，这里很平静呀，哪里有什么机枪，造谣者去死。早就说要拆，谈都谈好了，好多人都搬出去了，有的地方只剩楼板了。”

（四）“我在地铁里被下了迷药”

2011年5月24日，一条微博广为流传，博主“@海安瑾”表示自已在北京地铁10号线劲松站被下迷药，幸亏当时自已机警，才侥幸逃生。并告诫大家在地铁中注意安全。微博描述了迷药的特征“并不刺鼻”，以及中迷药之后的症状“浑身发麻，尤其是手指，呼吸困难”。该微博转发量很快过万，大量网友参与讨论。

在这条微博被大量转载的同时，类似内容的微博出现，有的在北京其他地铁线路上，有的甚至到了上海地铁上。这些事件的共同特征是：女性，很晚的时候独自坐地铁，闻到并不刺鼻甚至还有“一丝香味”的迷药，被人盯梢和跟随，向警方和路人求助均不得回应等。

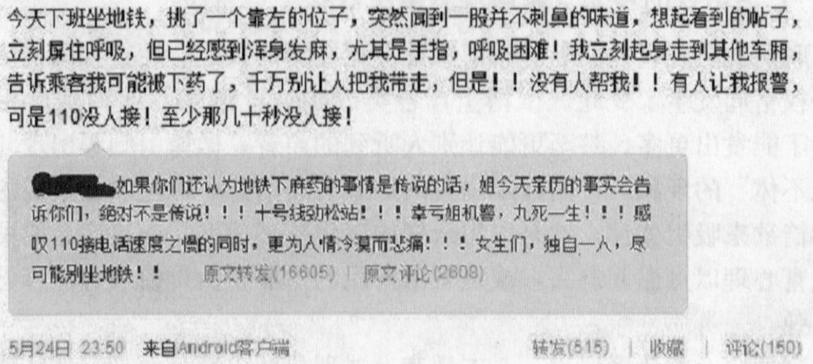
今天下班坐地铁，挑了一个靠左的位子，突然闻到一股并不刺鼻的味道，想起看到的帖子，立刻屏住呼吸，但已经感到浑身发麻，尤其是手指，呼吸困难！我立刻起身走到其他车厢，告诉乘客我可能被下药了，千万别让人把我带走，但是！！没有人帮我！！有人让我报警，可是110没人接！至少那几十秒没人接！

[redacted]如果你们还认为地铁下麻药的事情是传说的话，姐今天亲历的事实会告诉你们，绝对不是传说！！！十号线劲松站！！！幸亏姐机警，九死一生！！！感叹110接电话速度之慢的同时，更为人情冷漠而悲痛！！！女生们，独自一人，尽可能别坐地铁！！　原文转发(16605) | 原文评论(2608)

5月24日 23:50　来自Android客户端　转发(515) | 收藏 | 评论(150)

图片来源：新浪微博①

2011 年 5 月 25 日 20：00，“@平安北京”发微博证实“10 号线地铁迷药事件”不实：“近期网上有人谣传，称我市地铁内有女性被人下迷药尾随。经核实，北京警方今年以来仅接报此类报警 1 件，为一女子称其在地铁内被人下迷药尾随。经民警与报警人核实，报警人承认是其看到此前网上相关信息后过度紧张所致。在此提醒广大市民，对于网上流传的消息，要有所判别，不信谣，不传谣，避免造成不必要的恐慌。”

2011 年 7 月 11 日，又有微博网友发布消息称，地铁内有人用迷药迷倒一名女乘客。北京市公安局公交总队刑侦支队迅速开展侦查工作，最终于当晚 22 时左右，证实该消息由网友杜撰。

2011 年 7 月 12 日，北京公交警方正式发布消息称，所谓“地铁迷药”事件，纯属人为编造。“当事人”已删除微博，并发新微博，请求大家原谅。

除上述四个事件外，在 2011 年发生的 7·23 甬温线特别重大铁路交通事故、郭美美事件、抢盐事件、药家鑫事件、增城群体性事件等重大突发事件中都有不同程度的谣言出现，这些传闻的传播加大了公众对事件真相判析的难度。

---

① 被证实为谣言后相关微博已删除。

二、舆情点评

（一）话语权的多元令微博观点呈发散状

互联网的出现，尤其随着微博等社会化媒体的兴起，使得我国网络时代的话语权格局发生了变化。微博上，各类思潮彼此激荡、各种观点相互争鸣。为了能发出更多、甚至更能让别人听到的声音，微博上频频出现“语不惊人死不休”的现象。一是以爆内幕的形式发布信息，通过满足人们的好奇心和知情欲来吸引关注；二是以犯众怒的言辞描述信息，或是迎合网民的仇官、仇富心理以点燃其怒火，或是刺激网民们对非主流价值观念的容忍以激发其反弹。

纵观微博上的诸多谣言，基本都有上述现象的出现。而且，那些能够全部契合的谣言传播更广、影响更大。其间典型，就是那些剑指政府、斥其无良、号称爆料的谣言，哪怕造假痕迹极为明显、真实程度十分可疑，依然能够广泛流传。

（二）社会共识的缺失呼唤互相尊重

话语权的多元和话语权的争夺，并无必然关系。我国互联网上的话语权格局之所以面临话语权争夺不止这一困境，表面上看，关键在于不同声音之间不能求同存异；深度原因，则在于社会共识的缺失。没有社会共识的互联网，何谈不同声音之间的共同点，更遑论相互尊重、求同存异。大凡经常关注网络舆情热点事件的人不难发现，我国的网民似乎针对任何事情都达不成最起码的共识，互联网上最为显著的特征就是分裂。任何话题，总有观点对比鲜明、差异显著的两派相互攻讦，甚至诉诸人身攻击。互联网上的“斗争”，不可避免地出现了。

当下，作为舆论场的互联网越来越表现出政治场的发展趋势。自觉抑或不自觉间，不少普通网民乃至草根达人、意见领袖以“敌人的敌人就是朋友”、“凡是敌人反对的我们就拥护，凡是敌人拥护的我们就反对”等为行事信条，政治色彩极为浓厚。正是在这种心理作用下，“使用恶的手段实现善的结果”也就有了空间。所谓的以造谣、传谣倒逼公开、透明，其理论支撑不外于此。

（三）公民社会的不完善要求厘清公民义务和权利

没有共识，其实就是没有底线。哪些话可以说，哪些话不可以说，没有明文规定或约定俗成的原则。中国社会走到今天，网络上的言论自由已经取得长足进步，但是相关理念、素养的形成和培养依然相对滞后。言论自由应当享有哪些权利、承担哪些义务、具有哪些边界等核心概念和基本问题，仍然没有厘清。正因如此，微博上的印象固化、逻辑简化问题越来越明显，不少网民在关注网络舆情热点事件之时，不讲事实、只看标签，先入为主地作出判断与评论。正是这种环境，使得谣言有了赖以形成影响的温床。

更为重要的是，公民社会的不完善还表现在争论的极端化方面。不少评论动辄上纲上线，甚至由具体的事发散到特定的人，“文革”式的字眼、论断频繁出现。重结论、轻逻辑，重立场、轻道理。人的志同与否往往成为判断事的正确与否之关键。这种环境下，为造谣文过饰非、提供从理论到事实的依据自然不足为奇。

（四）政府引导的相对滞后的情况需要改善

历史传统证明，中国的任何事情都绕不开政府部门。在可以预见的时间内，“大社会，小政府”的治理格局依然遥远，政府是否引导、如何引导网络舆论，依然是关系互联网社会发展的关键因素。必须承认，与互联网的井喷式发展相比，政府部门的引导能力确实相对滞后。传统宣传模式当中，政府部门处于绝对强势地位，拥有垄断话语权。长此以往，也就难免存在行事流程僵化、行事心态懈怠等问题。正所谓“船大难调头”，面对互联网浪潮的冲击，政府部门不可避免的出现了不适，未能在第一时间抢占舆论高地，将传统的强势话语权地位延伸至互联网。

从近期的网络热点事件来看，部分政府部门的不作为、不当作为正是导致网络舆论失控的重要因素。信息公开透明上的程度不够、卷入网络舆论前的准备不足、面对公众质疑时的回应不力……诸如此类，不一而足。正是政府部门的“缺位”为造谣网民的“越位”提供了舞台，权威信息的“失声”为小道消息的“发声”提供了空间。

曾有网民如此戏言：“人们群众都到对岸休息了，领导干部还在河里摸石头。”以此顺而言之，造谣也是如此：对岸是真相，网民过河的愿望过于迫切，等不及领导摸着石头为他们探路，只好自己搭桥过河。能力有限的网民，沿着搭错的桥看到了错误的风景，这个风景就是信谣传谣。桥搭错了，本是错事。别有用心的网民，则将搭错的桥称为对官员的激励，这个激励就是美化造谣。最终，资源浪费了，河水搅浑了，工作受损了。愿这个故事，能对相关方面有所砥砺。

第三章

微时代 危应对

当前，在我们广大的党政部门及领导还在探讨、学习与交流互联网时代的重大突发事件危机如何应对之时，微博又以它的微博之速及微博之力席卷而来，致使2011年发生的重大突发事件舆论强度增大、传播速度飙升，打破了网络舆论的原有生态环境，让广大党政干部手足无措，给相关政府部门管理网络虚拟社会带来了新挑战、新难题。如何在微博时代这个全新网络环境之下，提升相关政府部门的网络舆论危机应对能力？

一、五大原则

观念决定措施，理念决定行动。面对舆论危机，应对理念落后，抑或是不妥，往往导致负面舆论激增。因此，党政机关面对网络舆论危机，首要在于转变观念，对互联网不恐慌不畏惧，同时敢于直面危机、正视危机，重视网络舆论危机应对工作。具体而言，党政部门可以从以下几方面进行加强和提高：

（一）态度诚恳，不否认不推卸

态度作为突发事件应对的“第一印象”极为重要，直接关系着未来舆情走向。心理学的“首因效应”指出，人与人第一次交往中给对方留下的印象，即“第一印象”，会在对方头脑中形成并长期占据主导作用，因此“第一印象”会对主体认知产生重要而深远的影响。这种心理效应表现在舆情事件中时，党政部门在处理突发事件过程中首次反应出的态度等就显得尤为重要。它不仅关系到人们对事件本身的看法和判断，对后续事件的发展起到先决的作用，也关系到公众对党政部门的印象和评价，影响舆情走向。

诚恳并负责任的态度是危机事件处理的关键，甚至决定一切。态度如诚恳，不否认、不推卸，则可快速赢得网民谅解，热点事件迅速在几天内结束。因为一个诚恳的姿态，一句真心的道歉，其效果将远胜于长篇大论的详尽解释。反之，则会遭到网民不断的人肉搜索，挖掘更多的事实与相关线索，陷于舆情被动，并被持续关注数月之久。因为在不信任、不谅解的前提下，任何解释都会被视为“掩饰”或“辩解”，于事无补，反而火上浇油。因此，面对纷至沓来的媒体质疑、公众声讨，党政部门最明智的做法，就是放低姿态，以诚相待，放宽胸怀，敢于主动承认错误，勇于承担相应责任，抱着“闻过则喜”、“闻过即改”的态度，尽量争取公众的谅解和同情。

四川会理县悬浮照事件中，当地政府在接受媒体采访时，诚恳回应：“网友的质疑是对的”，并且在论坛上主动贴出政府道歉信，分别通过传统媒体、论坛、官方微博以及当事人个人微博进行了四次道歉。这一真诚态度迅速得到了广大网友的支持和理解，较好地在短短两天内化解了危机；相反，在长达三个月的故宫十重门事件中，正是由于故宫道歉态度不诚恳，矢口否认，甚至推卸责任，才导致了故宫被接连挖出十大症结事件，公信力跌至冰点，最终还是以三个月后院长接受采访并致歉收场。同样，郭美美事件中引发的网民对中国红十字会的质疑也是如此。如果中国红十字会在事件伊始，能以诚恳的态度接受网民的质疑并严查工作漏洞向网民致歉，而不是强硬否认红会没有郭美美其人甚至以严厉的措辞表示要采取法律措施的态度回应网民，也不至于最终酿成“三天毁掉一百年”的惨淡结局。

回应态度切忌与民众对立，陷入情绪对抗。不可否认，在突发事件中，公众舆论的情绪化发泄往往多于理性争辩，有时甚至诉诸语言暴力，但即便如此，政府部门也不应将自已陷入同等的情绪对抗中，对公众舆论抱有任何抵触心理，与民众对立。

（二）改堵为疏，善于因势利导

社会的稳定是我国建设发展前进的基本保障，如今维稳工作却显得异常尴尬，甚至出现了地方政府越花精力“维稳”，却越容易诱发矛盾，“越维稳越不稳”的现象。产生这一现象的原因多面而复杂，其中最主要一点是对于不同社会阶层、地域群体的利益诉求重堵轻疏，将群众的正常利益表达与社会稳定对立起来，把公民正当的利益诉求与表达视为不稳定因素。从互联网角度来看，这些做法无论是从管理本质还是效果来看，都是极为不明智的。

2010 年以来，数起源于微博和发酵于微博的舆情事件表明，微博的舆论集聚力量强大，以微博为代表的网络新媒体已成为不可忽视的重要舆论场，社会舆论以传统媒体为主导、自上而下的单向传播格局已被打破，社会舆论环境变得更为复杂。作为一把双刃剑，微博一方面可以成为社会情绪的减压阀、润滑剂，另一方面也成为舆情热点源头和事件发酵场，群众表达观点、传递自身诉求的舆论途径变得更为广泛，社会舆论倾向也更为多元，加大了各级地方政府维护社会稳定的难度。

“微博论坛曝光——网友竞相围观——意见领袖点评推动——传统媒体介入报道——事件影响力扩散——全民热议危机加深——政府被动回应——（如失当）引发舆情关注最高潮”，如今，公众见证了多数微博时代热点舆情事件的“发酵”路径。愈来愈多的社会热点皆首次曝光于互联网，由微博而起。根据中国传媒大学网络舆情研究所（IRI）研究显示，2011 年上半年，微博已超越论坛，成为热点舆情事件的第二大源头，仅次于新闻。微博时代的网络舆论有两大特征，一是人人都是自媒体；二是蚂蚁都有了喇叭。

2010—2011年上半年网络热点及突发公共事件舆情源头载体分布

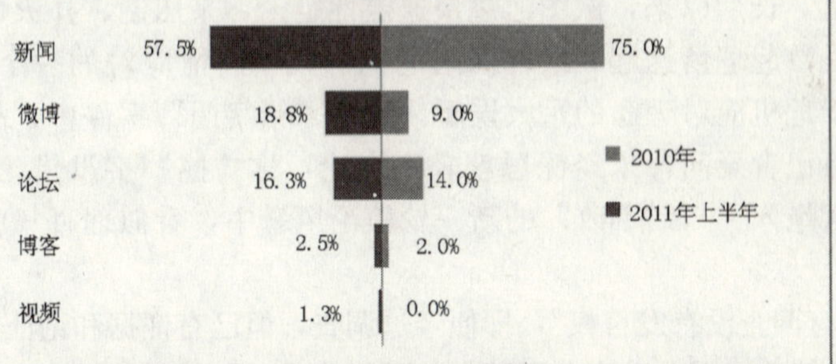

数据来源：中国传媒大学网络舆情（口碑）研究所/艾利艾咨询（IRI）2011.07.06

因此，一味“封堵”早已派不上用场，人人手握“麦克风”，人人都有发言权，能堵住一张嘴，却堵不住上亿网友。任何压制负面舆论的速度都将比不过信息的扩散速度。只有以更开放的心态和胸怀，在戒“堵”宜“疏”的理念指导下，管理但不压制，沟通但不放任，才能更有效地降低负面舆论的影响，同时也解疑释惑、化解矛盾。

（三）迅速回应，主动面对质疑

在政府部门本身即为舆论危机对象的事件中，只有迅速回应，积极主动面对，才有可能赢得公众理解，化解危机。一味地回避、以“鸵鸟政策”进行拖延，往往会引发公众更大的不满，而且会被公众视为对其智商的辱蔑、权益的漠视，以及对民主社会精神的公然对抗，从而造成舆情反弹，致使原本简单的事件酿成大冲突大矛盾。譬如在故宫“N 重门”事件中，正是因为故宫在多次事件曝光后选择一味回避，且态度傲慢，才进一步激怒公众，在危机应对中节节败退，最终难逃网民抨击。

具体而言，对于党政部门来说，一方面，保持积极直面的态度，迅速主动回应，发布权威可靠信息，才有可能凭借“先入为主”的信息，掌握舆论话语主导权，在第一时间抢占舆论制高点，才能以“行动上的主动”赢得“舆论上的主动”；另一方面是要不停的发布，以最快的速度不断澄清和报告事件进展，这样才会影响网络舆论走势变化，同时防止各方谣言和无端揣测占据上风，制造混乱，扰乱视听，给原本危急的舆情事件再造事端。

此外，迅速表明诚恳态度的同时，尤需注意的是，表态并不代表要迅速为事件定性定论。在有确切的调查结果之前，对于任何有关事件的原因、后果、责任方等信息都须抱着谨慎的态度，避免轻率言行给公众造成视听混乱。长期以来，试图通过快速定性定论，来压制、扑灭舆论危机的做法，是数起危情迭起、最终深陷危机的失当舆情应对的一个共同特征，也是对于危机应对埋念的重大误解。故宫“错字门”事件中，故宫某工作人员回答记者疑问，未经深思就轻率定论，称“撼”字没错，贻笑大方，也将故宫拖入“知错不改”的新一轮舆论风暴中，看似理直气壮，实为得不偿失。

“没有调查没有发言权”，即便经过调查，但已有证据和论证也可能难以达成一致结论，因此政府公开信息就更须稳重，坚持透明性，也要保证可靠性，实现“零质疑”。作为社会管理的权威机构，党政部门的一言一行都牵涉极广，影响深远，稳重的言行不仅直接关系自身形象，也关系群众切身利益。任何朝令夕改、自相矛盾的言行都将成为现实的痛脚，沦为历史的笑柄。昆明“多人性爱不雅照”事件中，在经过公安部门技术鉴定后，官方说法仍屡次改动，前后不一，引发网民强烈质疑。可见稳重言行对于党政部门的权威可信形象至关重要。

在回应过程中，有几点需要注意：一是切忌说谎，哪怕澄清的无数事实中有一点是谎言，也会很快被网民识破，质疑政府公信力，继而自行人肉寻求真相，引发更大的舆情；二是首次回应中，尽量以公布事实进展和强烈表态为主，切忌对事件迅速定性，尤其是“暴力抗法”等词汇慎用；三是微博时代网民需要的是人性化的关怀，需要的是“盖被子”式的温暖，所以凡有伤亡事件发生后一定是第一时间救人，回应之时应抱有同情心，使用温情的语言，切忌缺少人性化关怀；四是微博时代的话语体系提倡人性化表达方式，越是平易近人、无官僚习气，越能深受网民的爱戴和支持，故切忌打官腔。

（四）公开透明，防范谣言发生

2011 年 8 月，中共中央办公厅、国务院办公厅印发了《关于深化政务公开加强政务服务的意见》，提出要抓好重大突发事件和群众关注热点问题的公开，客观公布事件进展、政府举措、公众防范措施和调查处理结果，及时回应社会关切，以正确引导社会舆论①。在微博时代的网络舆情应对中，保证公开透明，告知公众真相，既是政府信息公开的必然趋势，也是规避不实信息传播的根本途径。

尊重公众知情权，秉承公开透明原则，不仅是党政部门应尽的责任和义务，也是在舆情应对中提升公信力的良策。热点事件曝光之后，转瞬即能成为公众关注的焦点，有关事件的任何细枝末节的猜测都有可能被推至舆论的风口浪尖。虽说任何事件都难有完全知晓的真相，但是在网络时代，任何公众关注的问题、被遮掩的真相，都会在网民及媒体的合力下被最终挖掘出来。而一旦真相曝光，责任方或监督方的掩盖、不作为行为也会同时曝出，公众所受到的冲击力将是双重的，党政部门发言的可信度则会受到严重打击。因此，秉承信息公开理念，主动告知公众真相，不遮、不掩、不盖、不瞒，用事实说话，才能取信于民。

“7·23 甬温线特别重大铁路交通事故”发生后，公众对于事故原因、高铁安全、救援措施等提出了诸多疑问。28 日，温家宝总理抵达温州后，就向媒体保证：“我们要求事故调查处理的全过程要公开透明，接受社会和群众的监督。”② 只有时刻秉承公开透明原则，才能避免微博中的虚假信息和不实新闻蔓延。另外，在 2011 年的抢盐事件中，正是因为个别地方政府部门缺乏对舆情事件的敏感性，没有在第一时间作出回应，才致使“谣盐”满天飞，公众失去理性，疯狂抢盐。

近年的数起热点舆情事件也表明，谣言传闻几乎与事件发展同步，哪里有新闻，哪里就有谣传。普通百姓很可能因缺乏专业科学知识而偏信谣言，更可怕的是，一些别有用心的利益集团通过雇佣网络“水军”海量发布、传播言论，绑架网络民意，混淆公众视听，也有可能诱发网络谣言大行其道。

---

① 《中办国办印发关于深化政务公开加强政务服务的意见》，http：//www. gov. cn/jrzg/2011－08/02/content _ 1918496. htm

② 新华网，《温家宝：事故调查处理全过程要公开透明　接受监督》，http：//www. chinadaily. com. cn/dfpd/shizheng/2011－07/28/content _ 13002487. htm

因此，在相对复杂的网络舆论环境下，与其说谣言止于智者，不如说谣言更应止于“阳光”，止于透明。

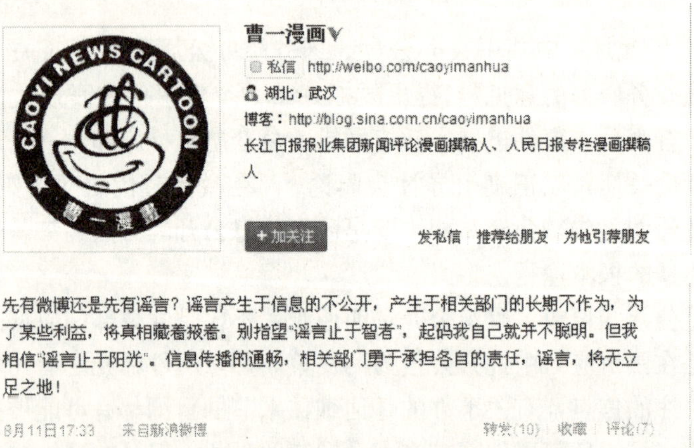

一旦在事件传播过程中出现了各种谣言，就一定要视谣言情况在微博、新闻、论坛、平面、电视、移动终端等全媒体进行快速辟谣。如 2011 年上半年全国各地抢盐事件发生后，通过两天的时间全民参与在全媒体进行辟谣，就快速平息了抢盐风波。此种快速有效的辟谣方式值得借鉴。尤其是要充分利用微博这一影响力日益强大的公共舆论平台，以权威的信息抵制小道消息，才能掌握与网络谣言竞争的主动权。以尽可能还原真相为目标，以无可置疑的基本事实为底线，将谣言扼杀在萌芽状态，真正赢得民众的理解与支持，降低辟谣成本，有效掌控网络舆情走向，最终化险为夷。

（五）正视围观，认清民意诉求

微博时代的突发事件发生后，党政部门受到网民大规模围观已俨然成为一种常态。因为一方面，中国微博用户数量庞大，仅以新浪微博为例，注册用户数已突破 2.5 亿大关，亿万网民共同围观现象时有发生；另一方面，网民的文化程度不一，社会阶层多元，各自的需求立场不同，因此对于同一件事的态度和诉求会存在差异。而网络匿名不追责的属性，既让网民畅所欲言，又放任了一些粗俗不文明的语言表达，其中言辞激烈，甚至无聊谩骂攻击不在少数。

面对这种情况，党政部门应调整心态，以客观的态度正视围观，挖掘出其中的真实民意诉求。不仅把握主流民意，尽可能满足群众要求，也不忽略个别意见，因为在微博中，任何微小的声音都有可能逐渐升级为新的舆论风暴。对于网民的理性意见和建议，应热情欢迎，积极听取，有则改之，无则加勉；对于无理谩骂攻击，则学会保持适度沉默，绝不能采用关闭、删除、限制评论，又或者与网民大打“口水仗”的方式，针锋相对，大失水准。这不仅不利于问题的解决，还会将问题升级，引发更严重的后果。

对于舆论危机事件中的网民意见，党政部门应实时跟进，去粗取精、去伪存真，对于其中有价值的观点，做好整理备案工作。在时间纵向上做好归档，观察网民态度及评价的时间变化趋势，做到对舆情阶段态势心中有数；在横向分类上做好分类，针对不同诉求，进行分别处置，例如对于事件新爆料，马上开展调查，确保信息的真实性；对于问题投诉，安排具体部门配合解决，以免不满情绪堆积爆发；对于事件真相的询问，通过各种媒体途径，在不影响进一步调查的情况下，及时予以公开；对于不实传言，更应主动发布权威信息，辟谣树立威信。

总之，在微博上，党政部门应做好被网民围观、批评甚至谩骂的准备。与其与网民争夺强势地位，不如有意识地将其打造成一个聆听民意、平等对话的舆论平台，既让公众感受到理解和尊重，也有利于解决现实问题。

二、七大机制

完善的机制建设是推动突发事件问题解决的后盾。如今，传统的行政管理思路已经不能满足网络舆论引导的需要。党政部门对网络舆论的引导，需要进行适时的制度创新，以制度为保障，推动网络舆论危机化解，同时也把网络舆论管理工作纳入制度化、规范化轨道。

（一）建立健全舆情监测机制

网络舆情监测旨在第一时间发现舆情，其工作包括了监测、分析、研判、预警、评估五步工作。

①监测：旨在第一时间发现问题，通常是 7×24 小时全天候工作。解决监测问题通常有两个方法，一是购买相关监测类软件；二是购买相关监测类服务。监测网站范围也以通常采用的所谓的全网和重点网站的站内监测为主。监测渠道也应尽可能的包括微博、新闻、论坛、博客、贴吧、WIKI（问答）、IM（QQ 或 MSN）、视频、SNS 等。其中，因技术原因所限且在保护网民隐私前提下，IM 及 SNS 在日常情况下很难做到监测。监测工作的

结果通常可以分为两种形式进行上报，其中一种是监测日报，于每天早上8点及每天下午5点将前一天及当天网络舆情的日常监测结果进行上报；二是突发事件专报，即如遇突发事件，则需要实时监测和上报，从而对网民舆论关注点进行及时了解，以便更有针对性地进行回应。监测工作结果也可通过邮件和手机短信的方式进行推送，以便及时了解。需要强调的是，网络舆情监测工作一定是高度的人机合一的工作，因为受汉语博大精深的影响，国内技术抓取普遍存在信息精确度相对有限的问题。

②分析：监测只是为了第一时间发现负面舆情事件，但监测结果并不是舆情分析。因为舆情分析不止包括监测结果，舆情更多的是在网民对一突发事件发生后发表的各种评论与议论。一个权威科学的可持续、可统计的网络舆情分析方能体现网民诉求，以便政府部门快速有效回应。其分析流程通常是：首先建立样本库，譬如100网站观察系统；第二步再利用相关软件进行上述九大舆情平台网民主贴与回帖的抓取；第三步进行数据的清洗，即IP或ID的排重等，旨在还原最真实的舆情；第四步进行相关指数及定量模型的计算；第五步撰写分析报告。

③研判：网络舆情研判是一项复杂和难度较高的工作，需要舆情分析师根据大量的舆情数据，再加上对过往舆情事件的经验积累以及总结的形而上的传播及事态演变规律来进行。舆情研判人员需要随时随地地掌握网络舆论，对搜集到的微博、新闻、论坛、博客、帖吧等信息进行整体分析与判断，挖掘信息背后可能存在的潜在价值，研究舆论热点和媒体关注焦点，并预测未来可能的舆情热点分布及舆论走势，为下一步危机的应对做好充分的准备工作（注：关于研判部分角度可参考本书附录部分）。

④预警：负面不等于危机，相关政府部门领导不能“谈负面色变”，更不能看到日常网络负面信息就当作突发事件来应对，否则会在人力物力财力上造成极大的耗费，且应对效果不佳。建议相关政府部门根据监测到的网络舆情负面信息建立红橙黄三级预警机制，每种预警级别设置与其相对应的应对原则与应对措施（注：内容详见附录图表）。达不到预警级别的网络舆情负面信息可当作日常负面进行应对。预警可通过软件、邮件、短信等相关方式进行推送，以便实时了解。

⑤评估：包括事发前、事发中、事发后三个阶段和方面的评估，而且一定要是定量或指数化的评估，而不是仅为定性的评估，如此方能凸显评估科学性，并根据不同时段建立不同的评估模型。展示形态要求有数据有结论，有图有真相。事发前的评估主要目的和作用是对未来事态发展做出初步预估；事发中主要是为了解决事发过程中采取的应对措施是否有效，哪些地方

还存在不足，或没有达到预估的效果；事发后的评估主要是为了解决相关政府部门形象受损的问题和如何进行恢复的问题。作为重要衡量指标，事后评估可为接下来的声誉恢复提供有效参考。

（二）建立健全危机应对机制

突发事件危机应对机制的建立，需要建立突发事件监测预警应对机制和突发事件应对流程。

①突发事件监测预警应对机制：达到黄色预警级别时，应对原则是持续关注即可；橙色预警级别已是网络舆情扩散的重要阶段，此阶段的应对原则是尽快应对，避免蔓延；达到红色预警级别时，是政府部门回应的临界点，回应太晚就会陷于舆情被动。此时一定要第一时间成立危机应对小组，且尽可能由相关政府部门一把手牵头，跨部门成立，并统一口径，交由宣传部门进行统一的协调和组织回应（详见下图）。在回应的过程中，也可以视事件大小，酌情依次采用官方微博等网络自媒体持续回应、发布新闻公报或主动提供消息、召开新闻发布会等。

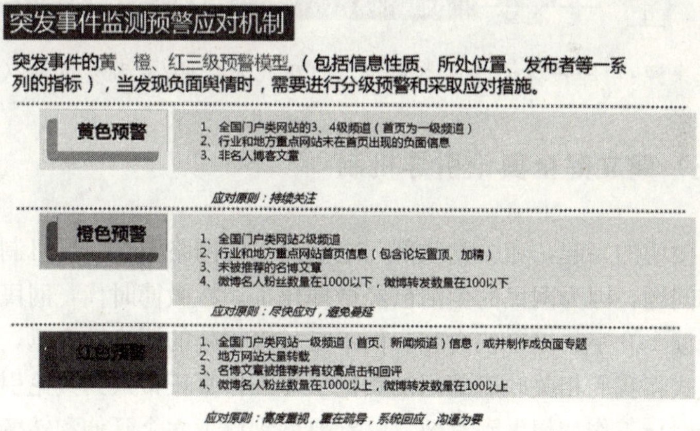

图表来源：中国传媒大学网络舆情（口碑）研究所/艾利艾咨询（IRI）

②建立突发事件危机应对流程：一定要分为事发前、事发中、事发后三个阶段进行。其中事发前，主要是制度管理，要出台相应的各种管理制度来有效约束相关不良事件的发生，即事情首先要做好才能应对好；之后通过持续的监测、预警和评估来第一时间关注各种有可能会演变成突发事件的信息，并在日常工作过程中建立危机处理预案、危机管理组织以及进行各种有关的突发事件应对的模拟训练。在事发过程中，可根据预警应对原则，视事

件大小进行处理。如达到红色预警级别，则要迅速成立危机指挥中心，尽可能的由一把手等相关领导牵头，各有关部门共同参与，进行事件的应对与处置。在事件结束后，相关政府部门还要做好两项通常被忽略掉的工作，其中一项是要进行政府部门的品牌修复，做法主要有两种，一是持续主动宣传其他工作开展情况，二是进行相关的搜索引擎优化工作。第二项工作是进行整个事件的整体评估工作，为避免下一次突发事件的发生和对事件进行有效应对提供宝贵经验（具体流程详见下图）。

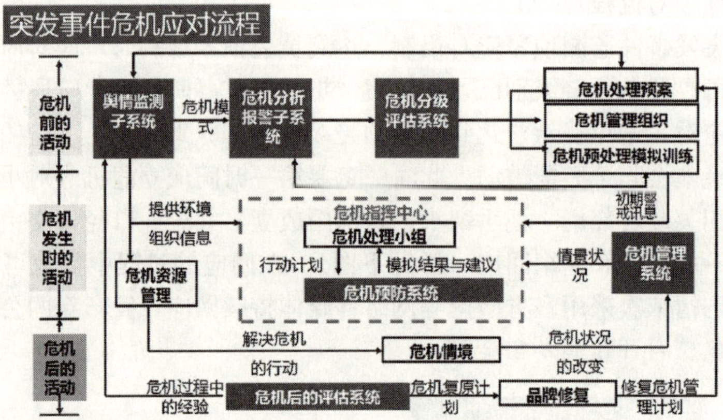

图表来源：中国传媒大学网络舆情（口碑）研究所/艾利艾咨询（IRI）

（三）建立健全舆论引导机制

随着微博的兴起，相关党政部门之前建立的网络舆论引导机制也面临升级的现实问题，因为网民的生活已经微博化了。在微博时代，网民更为习惯接受和阅读140字的短平快内容，而不是长篇累牍的评论性文章。微博的兴起，已正式将我们相关政府部门的舆论引导工作真正带入到舆论引导2.0阶段。舆论引导工作如想做到有效，一定要做到以下六个延伸和转变：

一是舆论引导的主阵地要由传统媒体及互联网新闻、论坛、博客、贴吧等重点延伸或转移到微博阵地，实现其影响力的重要迁移；二是舆论引导的队伍建设要由传统意义上的网评员队伍延伸到真正在微博上具有话语权的网评员队伍，并充分借力立场及观点一致的微博名人或意见领袖；三是舆论引导的内容形式也要由原来的新闻通稿或长篇大论式的深度评论性文章延伸到140字的微博体，因为微博的兴起标志着新闻通稿时代的衰退或终结，通稿已经成为微博上的延伸阅读；四是舆论引导的话语体系在微博中要由体制内语言表达方式向人性化表达方式转变，尤其是要体现以人为本，体现人文关怀，给予网民温暖，切忌打官腔说官话；五是舆论引导的速度也要在开通官方微博后转向以秒计或以分钟计的微博速度来实时回应、澄清或发布；六是舆论引导的传播手段也要转向符合微博传播规律的传播手段，因为微博的传播是核裂变式的传播，一方面官方微博中要建立和争取更多优质和具有影响力的粉丝的关注，以便发出的微博产生足够的影响力、转发力及传播力；另一方面在传播过程中要尽可能的借助外力和外脑，争取更多的微博名人进行转发和关注。

（四）建立健全新闻发布机制

根据中国传媒大学刘笑盈教授的研究成果及总结，新闻发布内容通常分为常态工作发布、热点问题发布、突发事故发布和重大事件发布四大部分。发布的主要方式有新闻发布会、记者招待会或新闻吹风会；发布新闻公报或主动提供消息；主动接受记者采访，包括组织记者随领导人出访；新闻策划、制造媒介事件发布新闻四种。在实践中政府部门的新闻发布实际上在三个层次上发挥着作用：在宏观上，可以利用新闻发布来提升政府形象；在中观上，可以利用新闻发布从事危机公关；在微观上，可以利用新闻发言人来直接影响媒体报道。如何进行有效成果的新闻发布，有以下原则和纪律：

①三T原则：主动沟通（Tell your own tale）、尽快沟通（Tell It Fast）和充分沟通（Tell It All）。在具体的实施过程中，由三个步骤组成：第一步是“告知”，抱有诚恳负责任、不推卸、不回避的态度积极应对，主动承认问题，及时、尽快、主动和充分披露信息，快报事件进展。此步骤称之为“亮剑”。第二步是“引导”，树立正面形象、消除负面影响。要及时地向公众披露政府为解决问题所采取的措施，甚至动员公众或媒体共同参与事件的解决。此步骤称之为“出剑”，这是解决问题、减少损失、消除不利影响的关键。第三步是“改变”，化危机为机遇，重塑政府形象。要及时公布在事件中得到的教训和经验，重新找回公众的信任，甚至提高信任等级。此步骤称之为“破剑”。意味着任何危机都包含着机遇。

②新闻发布会的四项注意：一是原则和程序要遵循五大原则——及时、准确、人本（公众利益至上）、滚动、口径统一。重大事件发布的程序有六项：确定媒体对象和发布口径、确定发言人、召开发布会、成立新闻中心、滚动发布信息、舆情跟踪研判。二是发布会的策划——主题、发言人、时机、地点、受众、形式。三是发布会的组织——包括舆情分析、材料准备、

组织与现场安排、主持、报道与评估。四是应对策略与技巧——提炼主要观点，确定关键词，防止误区，服饰与肢体语言，如何应对挑战性的问题。

③新闻发言人的三条纪律和六项注意：其中三条纪律为——坚持职务行为、保持主动地位、勇于负责精神；六项注意为——发言人必须充分了解自己应该掌握的有关信息；发言人应具有人际传播的一般技巧；发言人应建立与记者的良好关系，充分了解媒体特性及新闻界的动向；发言人应保持坚定的政治立场；发言人的保密性原则；发言人的诚实信用原则。

（五）建立健全媒体沟通机制

建立健全良好的媒体沟通机制必不可少，尤其是电视媒体、平面媒体以及网络媒体。一方面是为突发事件处置过程中就事实而言的媒体快速发声尤其是辟谣和澄清信息打下坚实基础，一方面也有利于在宣传工作中政府部门形象的树立。其中电视媒体主要是中央电视台和各大省级卫视；平面媒体则是在网络舆情方面更具影响力的媒体，按照附录中根据中国传媒大学网络舆情（口碑）研究所/艾利艾咨询（IRI）做出的2011年第三季度网络热点首发媒体TOP15可以看出，新华社、新京报、京华时报、中新社、中国青年报、人民日报、南方日报、每日经济新闻、扬子晚报、广州日报、大河报等榜上有名，影响力较大；网络媒体中除了新浪、搜狐、网易、腾讯四大门户外，新浪微博、凤凰网、天涯影响力也比较大。

（六）建立健全对外宣传机制

若想改变舆情的被动局面最直接有效的办法就是要进行主动宣传。互联网时代尤其是微博时代政府部门工作的宣传绝对不是传统时代的在平面媒体或网络媒体上发稿。一个成功有效的对外宣传一定是“上有形象，下有流量”的宣传方式。其中“上有形象”主要指的是国家级的媒体譬如中央电视台、人民日报、新华社等以及权威传统媒体进行的高端宣传；“下有流量”主要指的是在网上要进行有效宣传，要引起网民的自发关注和认可。

在互联网上进行的有效宣传，平台选择可以是微博、新闻、论坛、SNS、博客、贴吧、视频等整合式的传播平台；宣传的基调尽可能的要以人性化和有趣为主；宣传的手段要以话题式传播为主；传播过程可以互联网方式引爆，传统媒体跟进报道的方式为主。仅以微博为例：

自2009年11月，湖南省常德市桃源县政府开通官方微博，在全国率先

“试水”政务微博，短短两年内，政府开微博已蔚然成风。截至 2011 年 7 月底，通过新浪微博认证的各级政府机构及干部微博已近万家，其中，政府机构微博超过 5500 家，干部个人微博近 4000 个。以“平安肇庆”、“平安北京”为代表，各地公安部门倾力打造的“平安”系列官方微博群就是其中的典型优秀案例。通过官方微博，政府部门拉近了与公众的距离，开拓了网络问政新渠道，为危机事件的快速解决创造了新的可能。

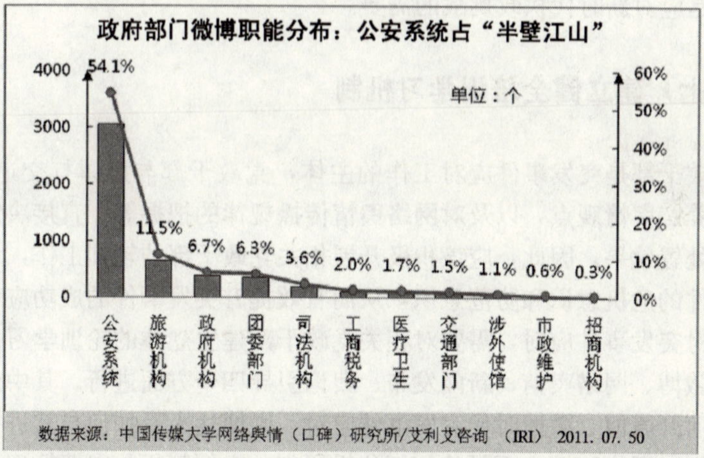

在应对网络舆论危机方面，政府部门可立足官方微博，一方面多关注微博中的媒体用户、舆论领袖、活跃用户和热门话题榜，将微博作为传达政府日常信息平台的同时，关注微博舆情焦点，尤其是与本地相关的热点舆论事件；另一方面，采用关键词主动搜索微博的方法，了解舆情热点走势，一旦出现高涨趋势，就要快速反应，发布权威信息，公开真实情况，与网民积极沟通，争取事件话语权和舆论主导权。而当事件出现转折点时，政府部门就应当机立断，采取必要的措施应对，谨防事态发展不受控制。

除了微博，政府部门也要善于利用其他媒体，实现网站与网站、网站与报纸、广播、电视、乃至与手机的联动。当舆情事件发生之后，政府部门可以在第一时间利用网络新媒体便捷、快速的优势，通过官方和媒体微博、门户网站、媒体网站等网络媒体尽快发布权威信息，阻止虚假消息蔓延，消除网民疑惑；随后，利用政府自身权威主流媒体资源，通过当地主流报纸、广播、电视深入报道事件发生的背景原因等，告知公众事件的详细过程、调查进展，占据舆论宣传主动权；此外，对于灾害事故等本地突发事件，以及特别重大的社会危害性事件，还可与当地移动通讯运营商合作，通过政府短信公告、辟谣等形式，直接将信息传递到公众手中，实现更大范围的信息覆盖，从而提高传播效率，稳定公众情绪。

微博让每个人都有权拥有自己的“麦克风”，向公众展现自己的所见所闻、所思所想，并依靠其传播迅捷性和开放性，在短时间内形成舆论热点。微博已成为政府不可忽视的公共舆论场，政府开微博，关注微博，不仅是国家安全和社会治理的需要，也是政府了解舆情、改善管理、提高效率的需要，更是应对新时代执政挑战的需要。

（七）建立健全培训学习机制

党政干部是突发事件应对工作的主体，党政干部与媒体打交道的能力、媒体素养、舆情观点，以及对网络舆情传播规律的把握等，直接决定了舆论危机的处置效果。因此，应该积极开展相关党政干部的轮训工作，增强干部突发事件的危机意识和防范意识，从而有效提升突发事件的成功应对能力。

针对突发事件应对，需要对相关党政干部建立立体的轮训学习体系，主要围绕微博、网络舆情、新闻发布、舆论引导四个方面进行。其中微博方面可从如何开微博、微博时代突发事件应对、微博达人及如何与其进行互动等方面进行；网络舆情方面可从如何分析研判、案例剖析、舆情管理等方面进行；新闻发布方面可从新闻发言人的技巧与实务、突发事件的新闻处置与新闻发布、新闻发布模拟演练等方面进行；而舆论引导方面可从舆论引导技巧方面进行。

附　录

2011年中国网络舆情指数年度报告（节选）

上半年报告节选

中国传媒大学网络舆情（口碑）研究所（以下简称 IRI），基于网络舆情指数体系、I-Catch 全网动态分析和网络舆情 100 典型网站样本分析，对 2011 年上半年 1000 多起网络热点事件进行厘定和整理，从中选出舆情指数排名前 80 的网络热点及突发公共事件，深入研究事件舆情源头、地域分布、领域分布规律，量化呈现本年度网络舆情发展特点。

2011 年上半年，中国网络舆情格局的最重大变化是，微博已经成为中国最重要的舆论场。根据 IRI 统计，微博已超过论坛，由去年的第三大舆情源头上升为第二大舆情源头，中国发生的几乎所有热点事件，都会在微博得到有效传播。微博用户数量的增加、网民登录网站方式的改变、移动互联网的发展，使中国舆论场的重心迅速向微博转移，相应地，微博意见领袖开始分享由传统媒体和网络媒体所把持的话语权，传统媒体报道日益受到网络舆论、特别是微博舆论的影响。

从领域看，2011 年上半年，食品安全领域热点事件较为集中，恶性案件高发，并在网络持续成为舆情热点。

从地域看，2011 年上半年，经济发达地区舆情高发，广东、江苏、浙江列前三位。河南、重庆、湖北等省市舆情热点数量增长较快。

从政府应对舆情能力看，2011 年上半年，政府应对网络舆情热点事件速度有所提升，方式更为多样；政府部门入驻微博平台步伐加速，体现了政府加强和创新社会管理的决心。媒体格局转变和网络舆情领域特点的变化，将对政府网络舆情应对和引导提出更高的要求。

1. 微博成为舆情第二大源头和最重要舆论场

2010 年被称为“中国微博元年”，据不完全统计，这一年微博用户将近 7500 万人。进入 2011 年，微博的发展势头更加强劲，用户数量急剧增长，据 2011 年 5 月 28 日于北京召开的首届中国微博大会的信息，中国微博用户已达 2.3 亿人。另据 2011 年 11 月，新浪发布的第三季度财务报告显示，新浪微博注册用户已突破 2.5 亿。微博聚合了媒体、社交、应用平台，满足了用户对海量即时信息，以及网络社交、个性化应用的需求。

（1）微博成第二大舆情源头

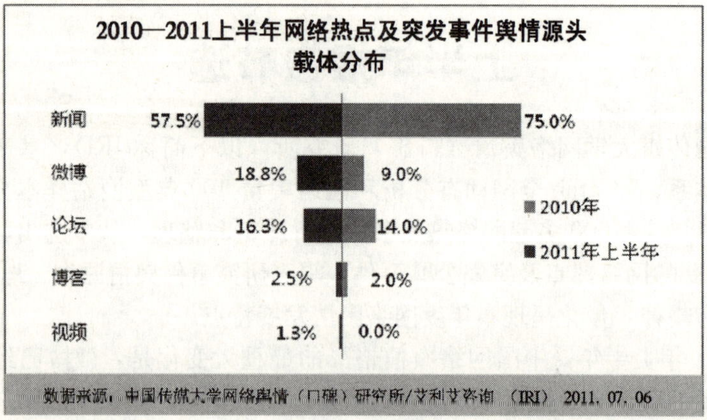

2011年上半年，占比18.8%的网络热点事件源头是微博。此前，新闻、论坛、博客一直是三种最主要的网络舆论载体，但在2011年，随着微博井喷式的发展，网民爆料的首选媒体更多地转向微博。据IRI监测数据统计显示，在2011年上半年选取的舆情指数前80名事件中，共有15个事件由微博首发，如郭美美事件，江苏溧阳微博开房局长事件，江西抚州爆炸案，故宫失窃案，“随手拍照解救乞讨儿童”行动和投资人王功权“微博私奔”等。

（2）微博引领主流媒体舆论

微博的影响力日趋增大，主流媒体开始将目光投向微博平台。目前，自媒体对传统媒体格局的冲击，使得传统的“你说我听”模式受到挑战；主流媒体亦将目光投向由微博引发的网络舆情。以《人民日报》为例，2011年上半年以微博为源头的15个热点事件中，《人民日报》对其中的7起事件予以了回应。这种回应营造了一种良好的互动氛围，既是主流媒体关注网络舆情，回应网民的表现，也提供了一种“下情上达”的渠道。

热点事件	人民日报评论
“随手拍照解救乞讨儿童”行动	“微博打拐”验证民众智慧理性
北师大教授称学生 40 岁没 4000 万不要见他	有了“四千万”，丢了什么
清华真维斯冠名教学楼事件	舆论为何瞄准“真维斯楼”
江苏溧阳微博开房局长事件	社会管理创新 离不开“虚拟社会”管理创新
上海红十字会“万元餐费”事件	问责给力才能告别“天价”
故宫失窃门事件	有憾于故宫的接连“失守”
郭美美事件	公众善心“伤不起”

图表来源:中国传媒大学网络舆情（口碑）研究所/艾利艾咨询（IRI）

(3) 微博使话语权向意见领袖持续转移

自媒体打破了传统的媒体报道格局，意见领袖在博客、SNS社区等平台上涌现，话语权的转移明显。微博出现后，基于巨大的用户数量，话语权转移加深。微博中的意见领袖分为两种：一是在现实社会中具有一定的身份和地位，凭借已有的名气可在微博上拥有大量粉丝；二是处于信息源上端，能发布最快捷、最权威的信息。这一点在突发性事件中比较突出，如宜黄事件中的微博直播行为。据统计，截至 2011 年 12 月 23 日，新浪 微博中粉丝数达到千万的博主共计 10 位，粉丝数超过百万的博主更有 493 人之多。这些意见领袖的巨大粉丝量超过了纸媒的发行量，他们以自己为中心，建立了一个个小型媒体，信息发布能力不容小觑。

(4) 微博与现实互动增强

2011 年上半年，微博舆情呈现出与现实互动增强的特点。通过线上线下的一系列联动反应，促使事件得到了更好、更快的解决。这其中包括于建嵘发起的“随手拍照解救乞讨儿童”活动，黄健翔、孟非等人参与的南京梧桐“让路”事件，邓飞发起的免费午餐活动等。

以“随手拍照解救乞讨儿童”为例。春节期间，由著名学者于建嵘发起的“微博打拐”活动，引发舆论热烈讨论，网民积极参与。据 IRI 统计数据显示，截至 2011 年 2 月 15 日，该行动获得近 10 万博友的关注；在新浪微博上，讨论此事的相关信息接近 100 万条，同时，该活动也得到了公安部门的大力支持。对此，《人民日报》刊发评论文章“微博打拐验证民众智慧理性”，对该活动给予了充分的肯定，称“随手拍照解救乞讨儿童”是网络时代典型的公民行动。

2. 新闻、论坛等平台在网络舆情传播中的作用减弱

（1）新闻仍为舆情源头之首，但份额下降

新闻媒体报道仍是2011年上半年网络热点及突发公共事件的主要舆情源头，占比为57.5%。包括报纸、电视、广播、杂志、以及新闻网站在内的新闻媒体，拥有大量专业的从业人员，掌握较多资源，在信息获取方面占据绝对优势。但随着微博等新媒体平台的出现，新闻报道在舆情源头首发方面的绝对优势地位被逐渐削弱。

2011年1—6月网络热点及突发事件舆情源头（新闻类）形式分布

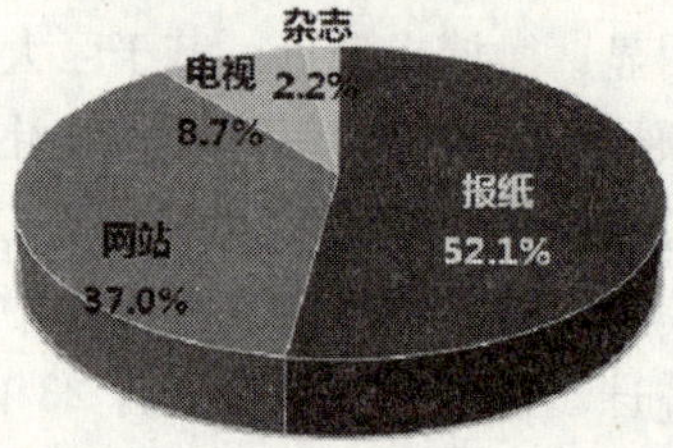

数据来源：中国传媒大学网络舆情（口碑）研究所/艾利艾 （IRI） 2011. 07. 06

作为舆情源头的新闻平台中，地方报纸作用凸显。在新闻作为舆情源头的事件中，报纸占比52.1%，其中地方报纸占比44.3%，在首发信息方面作用比较突出。

央视新闻在电视媒体舆情源头方面的作用最为突出。2011年上半年的热点事件中，双汇集团“瘦肉精”事件，上海染色馒头事件，北京英菲尼迪醉驾案判刑事件，均由央视第一时间曝光，代表了主流电视媒体在信息曝光方面的力量。

（2）论坛舆情源头地位被微博赶超，博客日益成为微博信息完整性的补充力量

论坛舆情源头地位被微博赶超，天涯在各论坛中的领跑地位未变。在IRI选取的80个热点事件中，共有13个是由网络论坛首发曝光，占比16.3%。其中，中石化天价酒，伊利遭网络举报致股价跌停，温州公管处

“世袭招聘”等高热事件，均是由论坛曝光，并引发了舆论的密集关注。

事件	源头
中石化天价酒事件	天涯论坛
江苏响水爆炸谣言致恐慌事件	响水论坛
伊利遭网络举报致股价跌停事件	猫扑论坛
温州鹿城区文化局禁唱 37 首流行歌曲事件	百度贴吧
湖南岳阳中石化问题油事件	天涯论坛
西安外国语大学组织本科生参加高考阅卷事件	百度贴吧
最牛工商局长率队大闹报社事件	天涯论坛
温州公管处“世袭招聘”事件	柒零叁
广东汕尾“最牛烟草局长”事件	天涯论坛
辽宁石油化工大学 24 岁副院长事件	华声论坛
网友曝光“十大天价墓”事件	天涯论坛
江西鄱阳公务员侵吞 9400 万后逃往境外事件	天涯论坛
湖北竹溪男子因举报被关精神病院 14 年事件	天涯论坛

图表来源：中国传媒大学网络舆情（口碑）研究所/艾利艾咨询（IRI）

在以论坛为源头的网络热点事件中，共计 54.0％的事件始发于天涯论坛。这一占比情况基本与 2010 年持平。除舆情源头之外，天涯在一些热点事件中也起到重要的拐点作用。如郭美美事件和江苏溧阳微博开房局长事件，天涯在人肉搜索方面的巨大威力，促使事件热度不断升高。

2011年上半年网络论坛舆情源头占比分布

数据来源：中国传媒大学网络舆情（口碑）研究所/艾利艾咨询（IRI）2011.07.06

博客日益成为微博信息完整性的补充力量。博客在舆情源头方面的作用减弱，不过，作为舆情源头的微博受 140 字限制，往往需要大量补充性的内容，意见领袖越来越多地采取在微博上贴出博客链接的方式，将完整的观点、意见通过博客发布出去，实现两个平台的有效结合。

3. 政府应对网络舆情能力参差不齐

(1) 政府微博数量增长快速

微博已成为政府与民众沟通交流的一种新兴渠道，2011 年上半年，官方微博开通如火如荼。2010 年底，经新浪微博实名认证的政府机构微博（不含官员及民警个人微博）有 630 个。而截至 2011 年 7 月 13 日下午 17 时，新浪微博上的政府微博总计 5467 个，官员微博总计 3127 个。政府机构对微博的青睐，不仅体现了党政部门对网络民意的重视，也打开了微博政务的新思路。

(2) 官员网络素养有待提高

2011 年上半年个别官员的行为，也暴露了政府官员网络素养良莠不齐，整体素质还有待提高的现实问题。2011 年 6 月，接连曝光了几起与网络相关的官员“丑闻”事件：如江苏溧阳微博开房局长事件；广州白云区新市街道办事处主任裸聊事件；湖北襄阳樊城区法院院长与该院女纪检书记宾馆开房事件等。可见，在互联网技术迅猛发展的今天，官员不仅要知网、懂网，更要学会如何用网。官员的网络化生存问题，应该受到各级政府和官员的重视，唯有此才能避免官员“丑闻”，避免损害党政干部在公众心中的形象。

(3) 网络问政逐渐走向制度化

随着互联网的发展，政府部门越来越意识到听取网络民意和开展网络问政工作的重要意义。2011 年 1 月，广东省委办公厅公布了新开通的全省统一的手机网上信访网址和手机信访号码，方便群众利用现代化信息手段提出信访诉求，这是广东省的网络问政又一新举措。3 月，新疆维吾尔自治区政府办公厅下发通知，要求全疆各地各部门积极探索建立网络新闻发言人制度，及时回复网民在政府网站和微博上提出的疑问。5 月，广东潮州市网络问政平台正式开通。网民可通过网络平台提出意见或建议，表达诉求；各部门则通过该平台予以回复，回复时效及办理情况直接接受网民监督，最终实现台前受理，后台办理的一站式网络问政方式。

4. 食品安全领域舆情多发，上访维权演变为恶性事件的概率增大

2011年1—6月间，热点舆情事件涉及交通管理、企业危机、市政管理等16个领域，其中贪腐违纪、食品安全、信访维权领域的热点话题数量较多，成为前三甲，占比分别达12.5%、10.0%、8.8%。

与2010年同期相比，贪腐违纪、信访维权、土地管理等领域在2010年上半年热度依旧较高，热点话题数量较大，政府部门需持续重视；此外，2011年上半年热点事件关涉领域也表现出一些不同于往年的特征：首先是土地管理领域内的强制拆迁事件有所减少；其次为信访维权领域内群体性事件频发，信访维权与恶性群体事件的紧密结合应引起相关部门的关注；同时，干部言行在微博时代，越发受到社会关注与探讨。

此外，2011年上半年食品安全领域热点话题数量较2010年同期有明显增长，"瘦肉精"、"染色馒头"等与民生息息相关的重大事件强有力地吸引了媒体和网民的注意力。

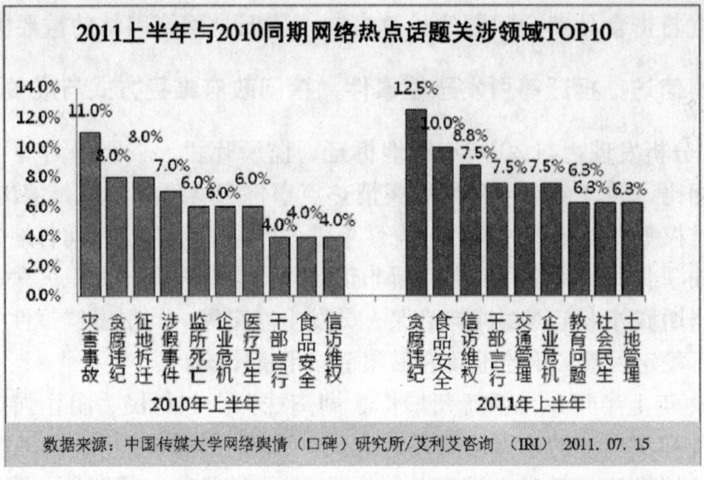

（1）食品安全刺痛国人神经　舆情高涨直指政府监管不力

2011年上半年，各地与食品安全相关的负面舆情陡然增加，除影响较大的"瘦肉精"、"牛肉膏"、"塑化剂"外，"毒豆芽"、"黑心鸭"、"毒花椒"等问题食品的出现也备受媒体关注。总体来看，上半年与食品安全相关的网络热点话题数量占比达到10.0%，远高于去年同期4.0%；同时，IRI指数

均值达83.4分，高于热点话题的平均值81.9分。

事件	IRI热度	首发地区
双汇集团“瘦肉精”事件	90.0	河南
添加剂“牛肉膏”事件	86.5	不详
上海华联等超市多年销售染色馒头	84.3	上海
雨润火腿卷入“过期肉”风波	83.8	安徽
陕西榆林学生喝蒙牛学生奶集体中毒	81.1	陕西
统一集团确认含有致癌塑化剂芦笋汁流入福建	78.9	台湾
北京多家影院爆米花桶可能含荧光增白剂	82.4	北京
食品安全监管部门被曝“养鱼执法”	80.2	——

图表来源：中国传媒大学网络舆情（口碑）研究所/艾利艾咨询（IRI）

从舆论态势来看，网民对食品安全丑闻的态度经历了从愤怒到指责，再到自嘲的转变，最终舆论矛头直指政府监管缺失、质监系统“养鱼执法”等。温家宝总理对食品安全问题的关注，成为关涉食品安全负面舆情走势的拐点，随后，全国多个省市展开了打击非法添加剂的专项行动，在一定程度上平复了网民情绪，相关负面舆情数量有所减少，但如何在法律层面建立打击食品安全问题的长效机制，依旧是网络舆情的重要关注点。

（2）信访、拆迁等引发恶性事件　拷问政府维稳方式与成效

IRI分析发现，与2010年征地拆迁、监所死亡、校园暴力等引发的恶性事件相比，2011年上半年网络舆情热点事件有着新的焦点，信访、监督、讨薪、维权等引发的群体事件、恶性事件不断升级，直接拷问各地方的维稳成效。如湖北利川受审官员冉建新非正常死亡、广东潮州民工欠薪被挑断脚筋、广州增城外来工因摆摊与治保人员发生冲突等，均引发群体性事件，由此形成不稳定因素，给当地政府形象造成不良影响。

2011年上半年，江西抚州爆炸、湖南株洲1位村民为阻止强拆自焚等恶性事件和深圳清理8万治安高危人员、深圳住建局禁止农民工群体上访讨薪等争议措施，暴露出城市化进程中社会管理存在的问题。舆论呼吁，维稳首先是改善资源分配不均、福利待遇悬殊等问题，从制度层面对症下药。

事件	起因	结果
山东泰安持枪袭警案事件	不明	暴力犯罪
江西抚州连环爆炸事件	征地拆迁	暴力犯罪
湖北利川群体性事件	非正常死亡	群体性事件
广州增城群体性事件	清理摆摊	群体性事件
广东潮州群体性事件	劳资纠纷	群体性事件
湖南耒阳龙塘镇政府大楼纵火事件	不明	暴力犯罪
央视网女员工被砍伤事件	上访无果	暴力犯罪

图表来源：中国传媒大学网络舆情（口碑）研究所/艾利艾咨询（IRI）

（3）干部网络素养成舆论热议焦点　对公权力的质疑与批判扩大化

2011年上半年，歌颂县委书记MV、溧阳卫生局长微博开房、大连公安微博仅关注苍井空等在自媒体曝光下，成为影响地方形象的丑闻，引发全民大围观；同时，此类事件最后也会演变成民众对公权力的质疑与审判。互联网时代下，网络监督对改进干部的言行和工作作风，起到了传统媒体无法取代的作用。从某种意义上讲，各级干部是否主动利用网络了解民情，是否真诚接受网络舆论的监督，积极促进线下热点、难点、焦点等问题的解决，以保障决策科学性、民众维权顺畅性，已成为领导干部网络素养的重要内容。

事件	IRI热度	事发地
网传歌颂县委书记MV	80.1	河北张北
溧阳卫生局长发微博自曝隐私约会开房	80.0	江苏溧阳
辽宁一公安分局官方微博仅关注苍井空	77.0	辽宁大连
最牛工商局长因家人卖问题粽子被批率队大闹报社	76.1	辽宁沈阳
河北河间民警出警时被纪委干部追打	75.9	河北河间
官员微博直播自首	75.9	安徽利辛

图表来源：中国传媒大学网络舆情（口碑）研究所/艾利艾咨询（IRI）

5. 全国性热点话题显著上升，沿海中心城市舆情高发

IRI对比2010年同期数据发现，2011年上半年涉及全国层面的热点事件急剧上升，如“2011两会热点”、“建党90周年相关活动”等相关主题，整体呈现积极向上的舆论态势；中央部委出台的相关政策、法规，如醉驾入刑、杜绝非法添加剂等，是2011年上半年网络舆情走势的重要拐点，舆论给予热切期待与关注；同时，南科大改革、京沪高铁等备受关注的话题不断曝出新点，推动上半年涉及全国层面的热点持续高涨。

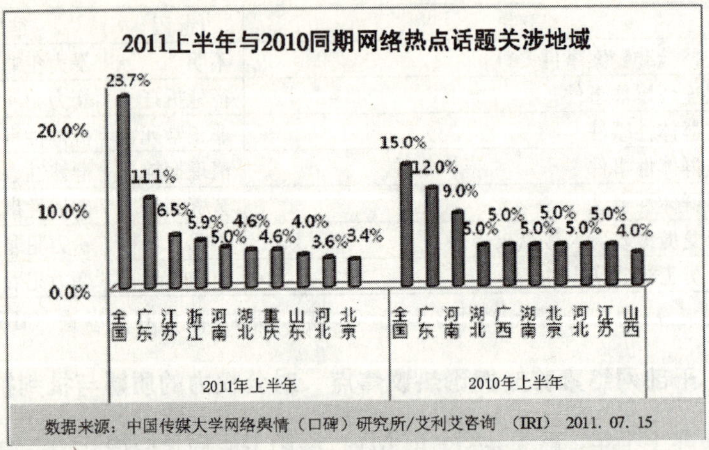

在地域分布上，广东省持续成为舆情第一大省，江苏省、浙江省首次进入舆情大省的行列，列位第二、第三，河南省本地区舆情分布呈遍地开花的态势，份额较去年降低，但仍居第四位；湖北省热点高度集中于武汉市，重庆市有力的行政作为、打黑唱红活动舆论关注度极高，两省在 2011 年上半年并列第五。

（1）广东舆情持续发烧蝉联最热　珠三角发展中问题受舆论关注

对比 2010 年同期涉及的各省市舆情中，2011 年上半年广东省舆情持续占据第一位，占比达 11.1%，遥遥领先于其他省区，得到舆论最多的关注和争议。舆情不只是负面信息，如广东争取试点允许生二胎、深圳立法严防“被精神病”、深圳治堵可能征收拥堵费等中性事件也成为舆情焦点。此外，还有部分发展中的问题已严重影响广东各地方形象，同时也成为珠三角城市化进程亟待解决的问题，如耗资千万亚运建筑遭强拆、因大运会启动高危人员排查等。

（2）沿海发达省会及中心城市成舆情高发地　中部省会城市次之

由下图可见，在地级市热点话题分布上，沿海发达省份的省会及中心城市成为网络热点高频地区，中部与西南省会城市次之。其中，广州、武汉、深圳、南京和温州依次为 2011 年上半年网络舆情热点事件涉及地市的前五位。

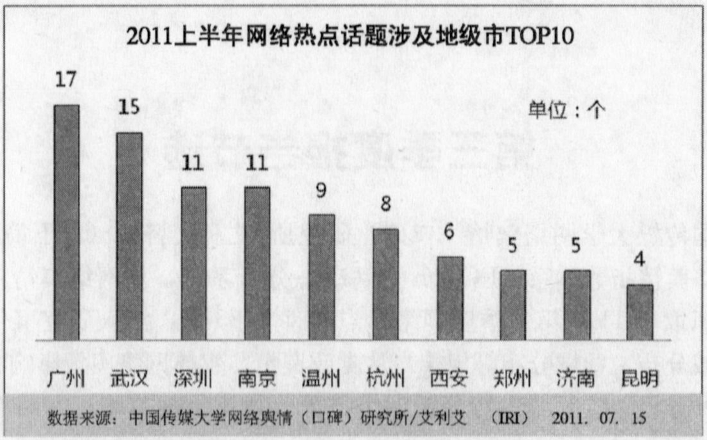

（3）网民规模与热点事件数量相辅相成　重庆网民参与度相对较高

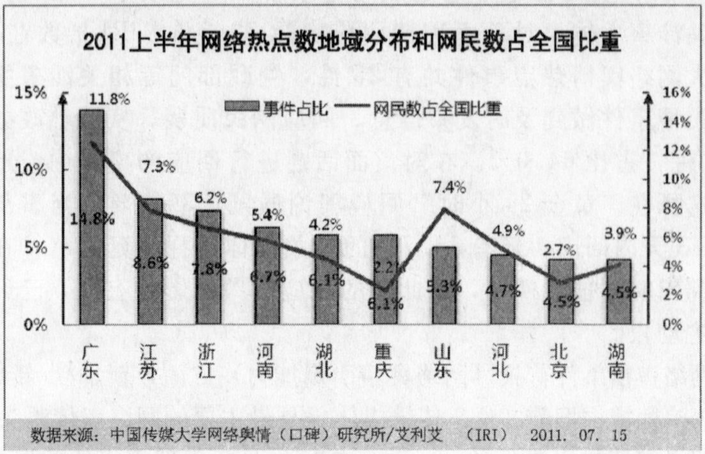

根据2011年1月CNNIC发布的第27次中国互联网发展状况统计报告，各省网民的数量在全国的比重与各省热点事件在全国的占比基本一致。可见，一地网民数量越多，则该地区产生网络舆情热点事件的可能性越高。其中，比较有特点的是重庆市，其网民数量占比2.2%，而热点事件占比6.1%，网民的网络事件参与度相对较高。

第三季度报告节选

中国传媒大学网络舆情（口碑）研究所/艾利艾咨询（以下简称 IRI），基于网络舆情指数体系、I-Catch 全网动态分析系统，从网络舆情 100 典型网站共抓取 2011 年第三季度网络热点事件 1485 个，深入研究事件舆情源头、地域分布、领域分布等规律，从党政舆情、媒体网络舆情影响力、重大舆情事件分析、各领域舆情分析四个方面，量化呈现本季度网络舆情发展特点。

IRI 分析发现，在第三季度网络热点事件中，负面话题达 940 个，占比 63.3%；负面话题中近七成与党政部门、党政干部相关；党政部门等相关涉事主体，对负面舆情回应率达 72.3%；IRI 指数在 85 分以上的重大网络舆情热点事件共有 25 件，党政部门等相关涉事主体对这些重大舆情事件做到及时发布信息、回应网民质疑、实施整改处分措施的有 16 件，占比 64.0%。在对负面话题进行回应的事件中，近五成涉事主体选择在“黄金 24 小时”回应舆论质疑；36.1%的当事部门、干部在 2～3 天内回应；还有 14.7%的相关主体选择拖延战略，在网络舆论趋向沸腾时才被迫回应，而此时的回应对舆论影响有限，已经丧失引导舆论主动权。

在网络舆情事件首报（网络舆情引爆能力）方面，新华社/新华网、新京报、新浪微博占据前三位。传统媒体仍是最主要的网络舆情源头提供者，占所有网络舆情热点事件的 86.6%。微博、论坛等新兴媒体首报的网络热点舆情事件以负面为主。

1. 三季度涉及政府部门的负面舆情事件回应率达 72.3%

(1) 负面舆情占比超六成，政府部门、党政干部受关注

2011 年第三季度，从网络舆情倾向性来看，在 1485 个热点舆情事件中，负面话题达 940 个，占比 63.3%。负面话题中近七成与政府部门、党政干部相关。如“‘7.23’甬温线特别重大铁路交通事故”、“河南洛阳‘性奴’案”等。中性舆情事件占比为 19.3%，正面舆情事件占比为 11.9%，

2011年第三季度网络舆情倾向性占比

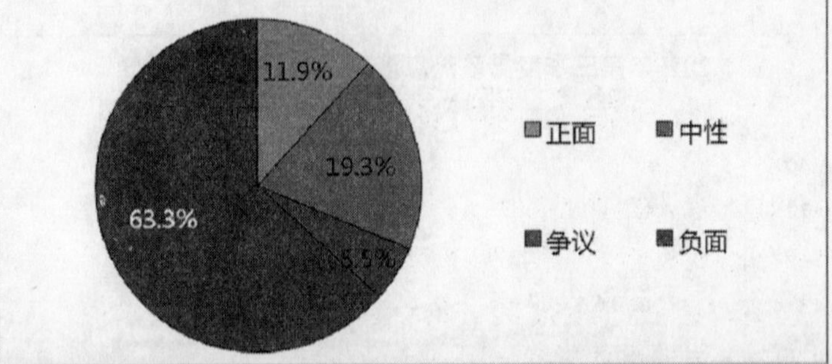

数据来源：中国传媒大学网络舆情（口碑）研究所/艾利艾（IRI）2011. 10. 05

争议性舆情事件占比为5.5%。负面舆情占比较高，建议相关部门遵循舆情传播规律，积极回应网民质疑，疏导负面情绪，避免负面影响扩大。

（2）在与党政部门或官员有关的负面话题中，涉事主体回应率为 72.3%

2011年第三季度网络热点涉事主体回应情况

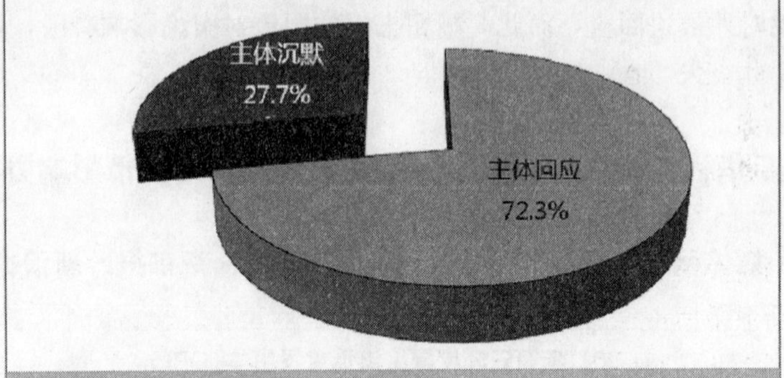

数据来源：中国传媒大学网络舆情（口碑）研究所/艾利艾（IRI）2011. 10. 05

网络舆论聚焦之下，有72.3%的涉事主体选择回应舆论质疑，如上海地铁十号线追尾事故中，上海地铁官方微博“@上海地铁 shmetro”在事故发生3分钟后即开始发布相关信息，公布事故原因，提醒地铁运营班次情况，指引乘客换乘，并希望乘客谅解。类似的回应行为，显示各级党委政府高度重视网络舆论，愿意在网民监督下改进工作。但是，仍有近3成的涉事部门、官员保持沉默，不回应、不处置，任由网络舆论指责，未尽到信息公开、保障公众知情权的义务，损害了党和政府的公信力。

(3) 近五成党政部门在舆情出现当天进行回应

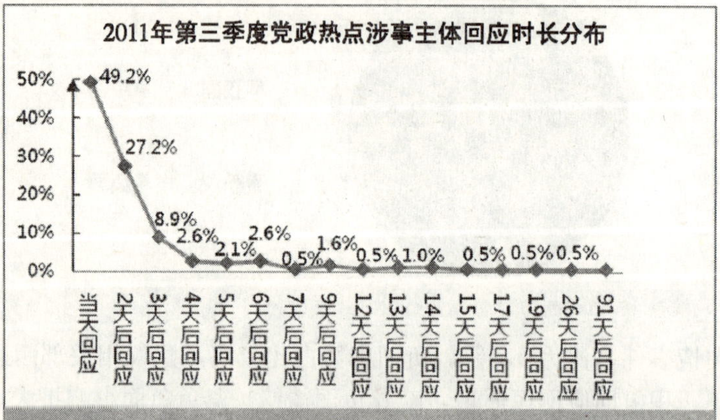

数据来源：中国传媒大学网络舆情（口碑）研究所/艾利艾（IRI）2011.10.05

在当事方回应的负面话题中，近五成涉事主体选择在“黄金24小时”回应舆论质疑，体现出对网络舆情的重视和应急效率；36.1%的当事部门、官员在2～3天内回应；仍有14.7%的相关主体选择拖延战略，在网络舆论趋向沸腾时才被迫回应，而此时姗姗来迟的回应对舆论影响有限，舆论引导主动权由此丧失。

2. 新华社、新京报、新浪微博为三季度网络舆情影响力前三甲

(1) 媒体网络舆情影响力排行榜：新华社、新京报、新浪微博居前三位

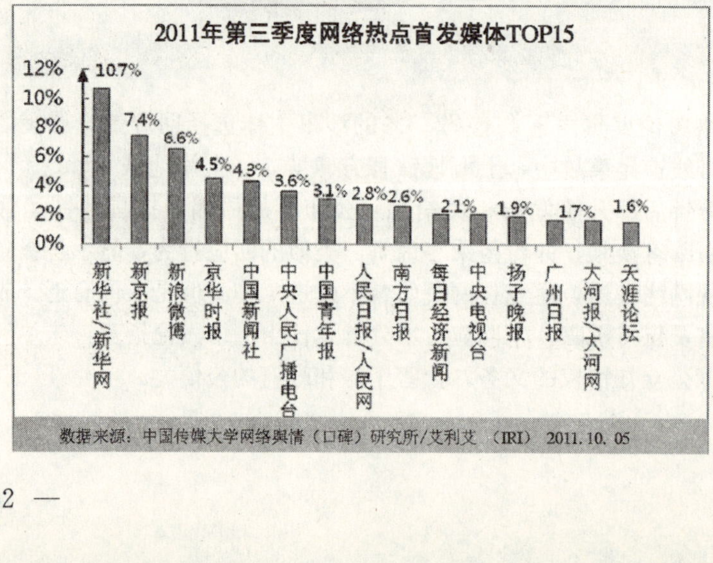

数据来源：中国传媒大学网络舆情（口碑）研究所/艾利艾 （IRI） 2011.10.05

根据IRI数据分析，在引爆网络舆情能力方面，通讯社、报纸、微博、论坛、电视台都体现出较强的能力。从单个媒体来看，没有哪家媒体占据绝对优势。其中，新华社/新华网、新京报位列前二；新浪微博位居第三位，微博在中国迅猛发展不过两年有余，却已体现出较强的网络舆情引爆能力。

(2) 传统媒体仍是网络舆情热点第一大源头

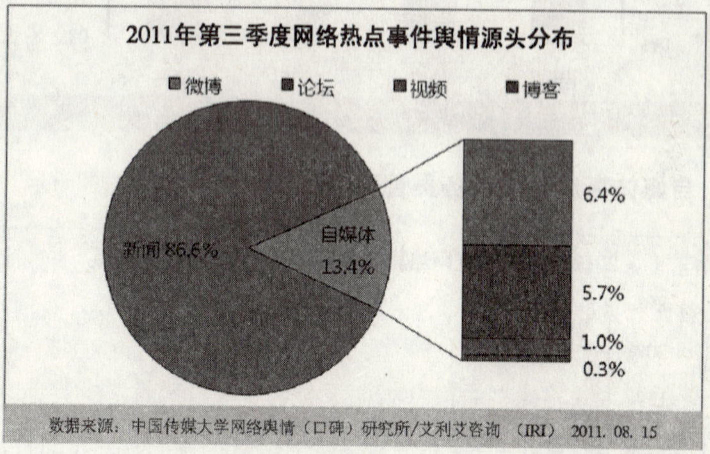

如上图所示，传统媒体的报道经网络媒体转载之后，仍是网络舆情热点的最主要源头，占比达86.6%。与IRI《2011年中国网络舆情半年报》相比（虽然因数据库的扩大及相关统计方法的调整，两数据并不具备完全可比性），传统媒体引爆网络舆情事件占所有网络舆情热点事件的百分比明显提升，这一方面是因为传统媒体的专业性在发挥作用，另一方面可能与自媒体鱼龙混杂，谣言较多，导致公信力下降有关。

(3) 自媒体微博、论坛表现突出，负面舆情占比高

2011年第三季度，以自媒体为舆情源头的网络热点事件占比为13.4%，微博与论坛的网络舆情引爆能力远超博客、视频，在以自媒体为舆情源头的热点事件中，微博、论坛占比分别为48.1%、41.6%。从自媒体舆情倾向性来看，自媒体成为负面舆情曝光的重要渠道，微博、论坛、视频等自媒体首报的热点网络舆情事件中，83.1%为负面话题，微博、论坛中负面舆情占比则分别为73.0%、90.6%。

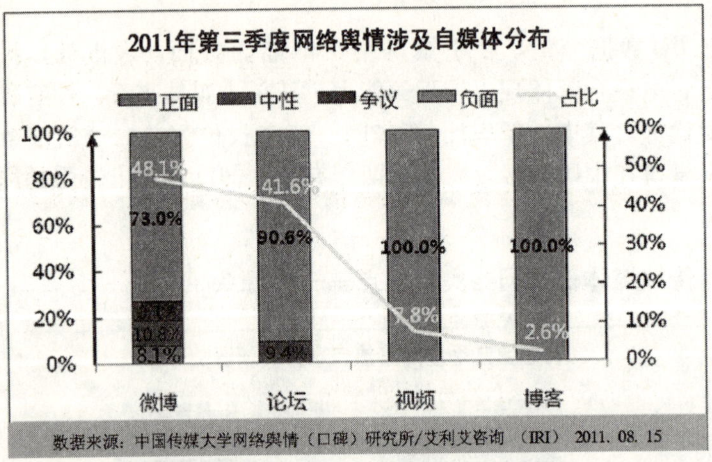

（4）自媒体高度关注公务员管理

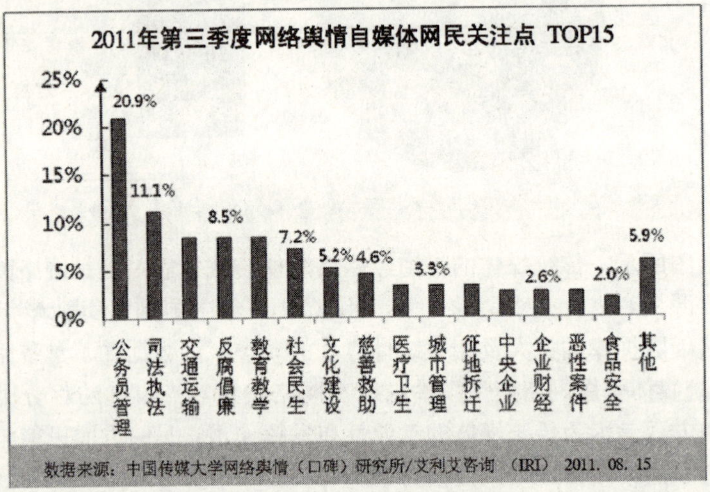

在2011年第三季度自媒体网民众多的关注点中，公务员管理是网民关注的焦点，相关热点事件占比高达20.9%，远高于排在第二位的司法执法（占比11.1%）。同时分析与公务员管理相关的热点事件来看，干部言行、干部任免备受网民关注，“云南拟任副厅级女干部被指履历造假”、“昆明发改委官员淫乱照”等热点事件均为自媒体首报。随着微博等新型自媒体的加入，公众对于干部言行的监督更加严格，新媒体带来的愈加透明的舆论环境，对干部素质提出了更高要求，如何在当下的互联网环境中提高党政部门和官员形象，充分利用互联网感知公众情绪、处理政务，是党员干部面临的一大挑战。

3. 司法执法、交通事故、公务员管理方面重大事件等成三季度舆情关注焦点

（1）2011年第三季度重大网络舆情热点事件排行榜（TOP25）

序列	日期	话题	IRI热度	地域
1	7月23日	“7·23”甬温线特别重大铁路交通事故	92.7	浙江
2	9月27日	“9·27”上海地铁追尾事件	89.9	上海
3	7月5日	“7·5”北京地铁四号线电梯故障事件	89.8	北京
4	7月1日	康菲公司渤海湾漏油事件	89.5	——
5	9月8日	李双江儿子开宝马打人事件	88.9	北京
6	8月18日	中非希望工程“卢美美”事件	88.5	——
7	7月31日	故宫博物院“文物门”事件	88.3	——
8	9月9日	湖南邵阳重大沉船伤亡事件	87.9	湖南
9	7月15日	中华脊梁功勋中国系列人物评选“卖奖门”事件	87.9	——
10	9月22日	河南洛阳“性奴”案事件	87.8	河南
11	9月24日	贵州锦屏县副县长女儿微博炫富事件	87.5	贵州
12	8月8日	大连溃坝威胁PX剧毒品泄漏工厂停产搬迁事件	87.4	辽宁
13	7月28日	黑龙江方正县为侵华日军立碑事件	87.4	黑龙江
14	7月22日	京珠高速大巴起火致41人死亡事件	86.9	——
15	8月13日	云南曲靖化工厂非法倾倒铬废料致污事件	86.8	云南
16	9月1日	河南宋庆龄基金会被曝大量挪用资金事件	86.6	河南
17	9月1日	原东星航空总裁实名举报武汉副市长事件	86.5	湖北
18	8月30日	南京客车遭劫持事件	86.3	江苏
19	7月31日	昆明发改委官员“艳照门”事件	86.2	云南
20	7月6日	云南拟任副厅级女干部被指履历造假事件	85.9	云南
21	8月4日	新疆打击暴力恐怖犯罪专项行动	85.8	新疆
22	7月7日	贵州前副市长因女儿被省政协常委强奸上访	85.4	贵州
23	8月23日	吉祥航空拒不避让险致卡塔尔班机坠毁事件	85.3	——
24	9月2日	河南失踪智障人顶罪事件	85.1	河南
25	9月17日	浙江海宁晶科污染致群体性事件	85.1	浙江

（2）微博仍是重大热点事件第二大舆情源头，占比较高

2011年第三季度重大热点事件舆情源头分布

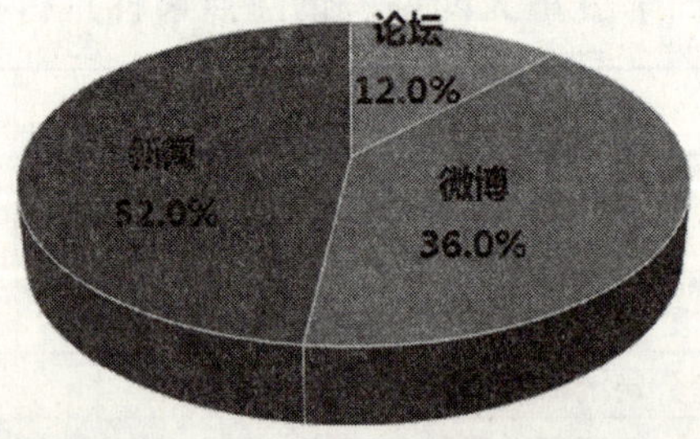

数据来源：中国传媒大学网络舆情（口碑）研究所/艾利艾咨询 （IRI） 2011. 08. 15

分析第三季度重大热点事件舆情源头不难发现，虽然新闻报道依旧为其首要舆情源头，但占比仅为52.0%，较其在第三季度整体舆情源头分布中86.6%的占比而言，大幅降低；微博在重大热点事件中展现出较强的首报能力，36.0%的重大热点事件由微博首发；论坛在重大热点事件舆情源头分布中排名第三，由论坛曝光的重大热点事件占比为12.0%。

（3）重大网络舆情热点事件以负面为主，处置率高达64.0%

重大网络舆情热点事件舆情热度高于85分，产生较大舆论影响，在一段时间内受到媒体和网民的持续关注。IRI统计显示，2011年第三季度重大热点事件共计25个，涉及交通运输、恶性案件、安全生产等多个领域，其中交通运输领域重大热点事件频发，共计6个，占比达24.0%，其中温州动车事故、上海地铁事故、北京地铁4号线扶梯事故舆情热度居前三位；文化建设领域紧随其后，重大热点事件数量为3个，占比为12.0%。就事件整体倾向性而言，负面热点事件占比达92%，争议性与中性热点事件占比均为4%，正面热点事件缺失。

IRI跟踪研究各重大热点事件的进展可知，截至9月30日，64.0%的重大热点事件已得到妥善处理，相关处置结果已对外公布并获得认同，对舆论态势控制及舆论引导都产生重要影响，而在这一过程中，媒体和网民的跟进及关注产生了积极的作用，强大的舆论监督在促进党和政府提升执政能力方面的作用不容忽视。

4. 各领域舆情分析

司法执法、交通运输、公务员管理等成舆情关注焦点

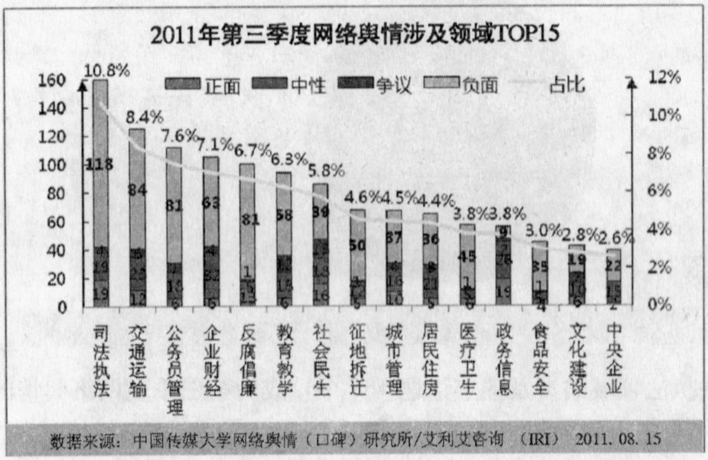

2011 年第三季度，网络舆情热点事件涉及反腐倡廉、征地拆迁、食品安全、教育教学等 30 个领域，其中司法执法、交通运输、公务员管理领域的热点话题数量较多，成为前三甲，占比分别为 10.8%、8.4%、7.6%。

值得注意的是，第三季度每个领域负面占比均较大，平均达 62.2%。如反腐倡廉领域负面占比达 81.0%，网民通过自媒体举报官员贪腐等问题，已成为一种常态途径，但其中真假信息掺杂，实际效用如何，需相关部门加大力度甄别；征地拆迁领域负面占比达 73.5%；教育教学领域负面占比为 61.7%，除了高校贪腐、教师言行不当、论文作弊等常规热点以外，有关地方撤并小学、北京关停农民工子弟学校、农村读书无用论盛行、性教育、教师节收礼等，也成为本季度焦点；企业财经领域负面占比为 59.4%，有关产品质量、运营不当等问题，成为舆论关注的焦点；城市管理领域负面占比为 55.2%，包括反复工程、面子工程、斥巨资建政府大楼等，此外，个别地方城管粗暴执法，网民反响热烈，相关部门急需提高城管人员的素质，规范执法方式。

（1）司法执法领域：执法方式不当成关注焦点

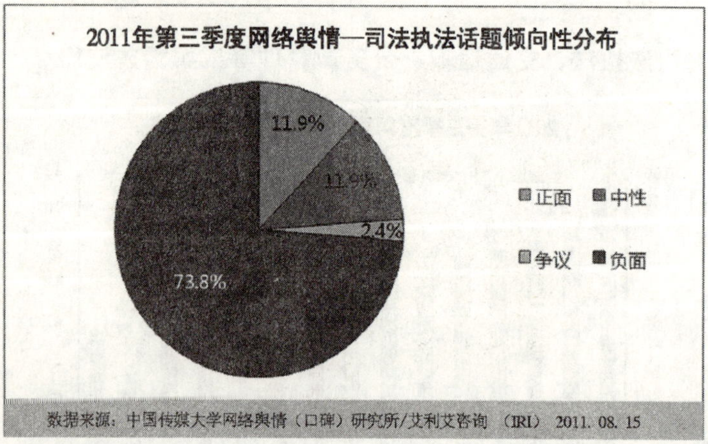

司法执法领域共涉及热点话题160个，成为第三季度网络舆情的第一热门领域，其中，负面话题占比高达73.8%。

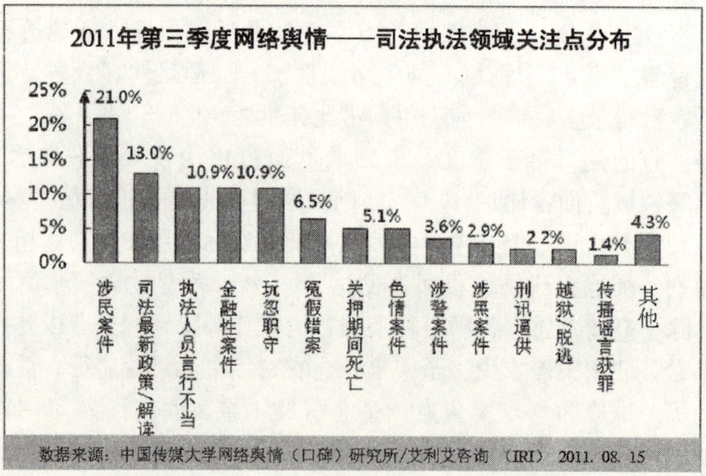

IRI分析发现，涉民案件占比为21.0%，虽为司法执法领域的第一关注点，但其引发的网络热度，远低于“执法人员言行不当”、“玩忽职守”、“冤假错案”。建议相关部门提高执法队伍素质，提升为民服务水平；同时，增加与网民的互动频率，争取舆论的主动权。

(2) 交通运输领域：重大交通事故牵动网民神经

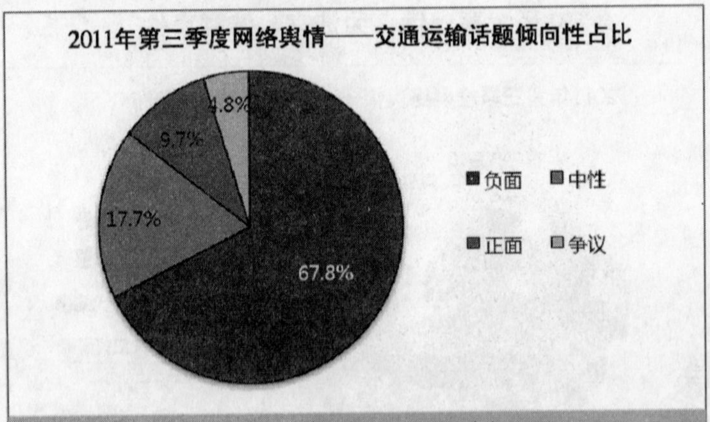

数据来源：中国传媒大学网络舆情（口碑）研究所/艾利艾咨询（IRI）2011.10.05

交通运输领域共涉及热点话题124个，位2011年第三季度网络舆情热点话题涉及领域的第二名。负面话题占比方面，交通运输领域略低于司法执法领域，但仍达67.8%。除此之外，中性、正面和争议性话题占比分别为17.7%、9.7%和4.8%。

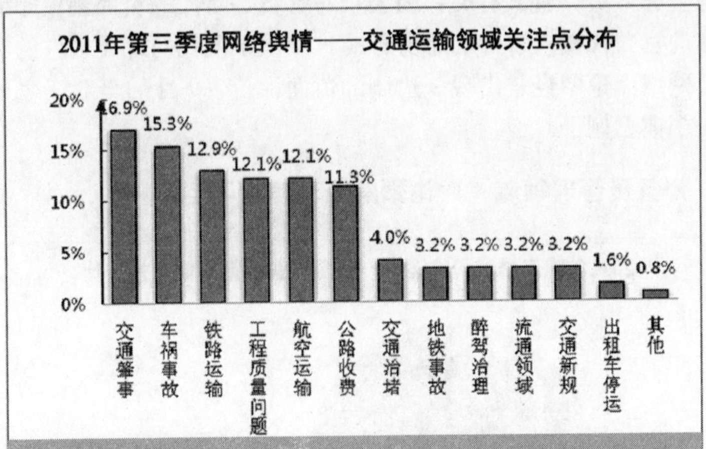

数据来源：中国传媒大学网络舆情（口碑）研究所/艾利艾咨询（IRI）2011.08.15

交通运输领域的关注点共有13个，其中交通肇事、车祸事故、地铁事故因涉及伤亡，牵动网民神经，故此类话题较受网民关注。其中，7·23甬温线特别重大铁路交通事故、上海地铁追尾事故，均引发公众热议，并最终酿成重大网络舆情事件。鉴于此，相关部门应提升网络舆情危机应对能力，特别是在微博时代，应主导话语权，主动回应网络质疑，压缩谣言产生的空间，最大限度降低事件的负面影响。

交通肇事舆情多为涉官、涉富事件

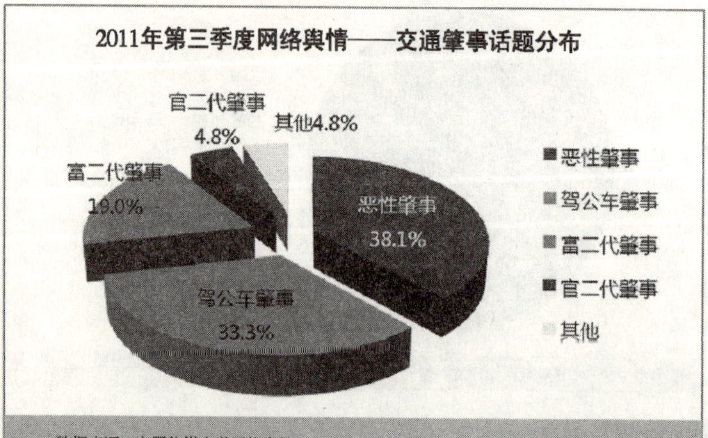

数据来源：中国传媒大学网络舆情（口碑）研究所/艾利艾咨询 （IRI） 2011. 10. 05

交通肇事话题分为恶性肇事、驾公车肇事、富二代肇事、官二代肇事等5类，分别占比38.1%、33.3%、19.0%、4.8%和4.8%。其中，61.9%的话题与公务人员、富人有关，因公众对官员、富人的负面刻板印象，及以往富二代、官二代撞人事件的恶劣影响，加重了网民对此类事件的厌恶和负面评价，网络舆论中经常出现一边倒的负面评价，9月的李双江之子打人事件就是一个典型例子。

（3）公务员管理领域：舆论聚焦干部言行不当

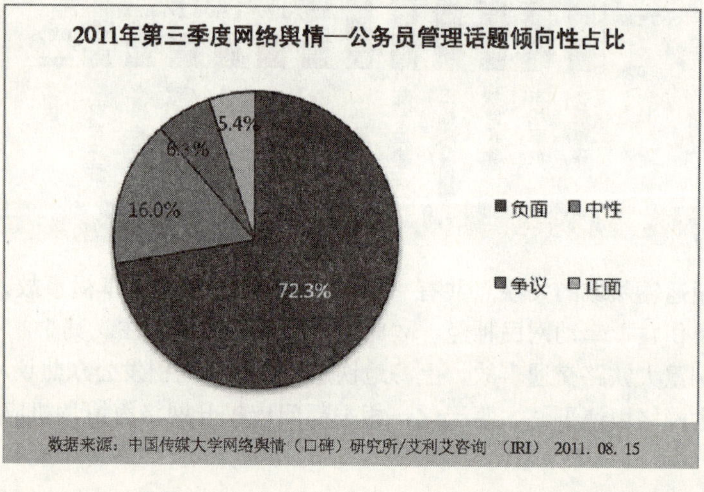

数据来源：中国传媒大学网络舆情（口碑）研究所/艾利艾咨询 （IRI） 2011. 08. 15

公务员管理领域热点话题共有112个，与司法执法领域和交通运输行业相同，公务员管理领域中负面话题居高位，占比达72.3%。此外，中性、争议和正面话题占比分别为16.0%、6.3%和5.4%。

公务员管理领域的关注点共分为9类，涉及言行不当、疑录用不公、干部新规、作风问题、干部任用、干部管理、干部死亡、干部问责等。其中，干部言行不当备受网民关注，占比高达42.0%。党政干部代表党和政府的形象，一言一行均需谨慎。第三季度多起网络舆情热点事件证明，如若干部回应不当、雷语频出，不但不能缓和舆情，反而会推动新一轮舆情的高涨。针对热点事件的回应，干部还需谨言慎行。

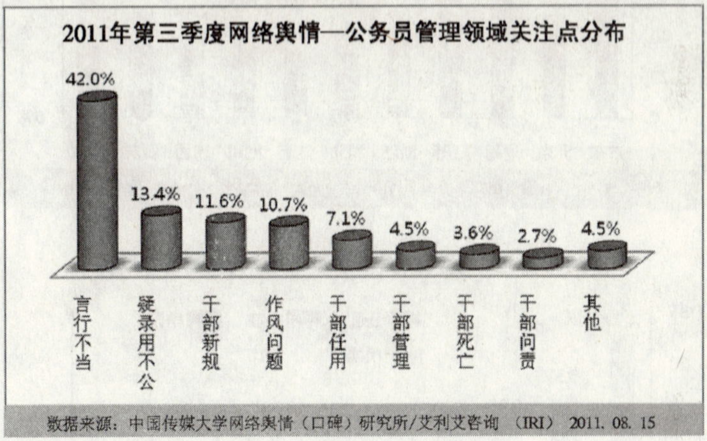

公务员录用一直是网民比较关心的话题，网络曝光的“萝卜招聘”、“火箭干部”等，均因疑似“黑幕”而遭网络炮轰。刻板印象和选拔不透明，是此类问题的症结。遇到此类问题，相关部门应以真诚的态度回应网民质疑，用实际的政绩说服网民，并把真正的选拔规则告诉网民，以建立正面形象，重塑舆论环境。

（4）网络舆情热度地域排行榜：广东、北京、河南、江苏、浙江位列前五

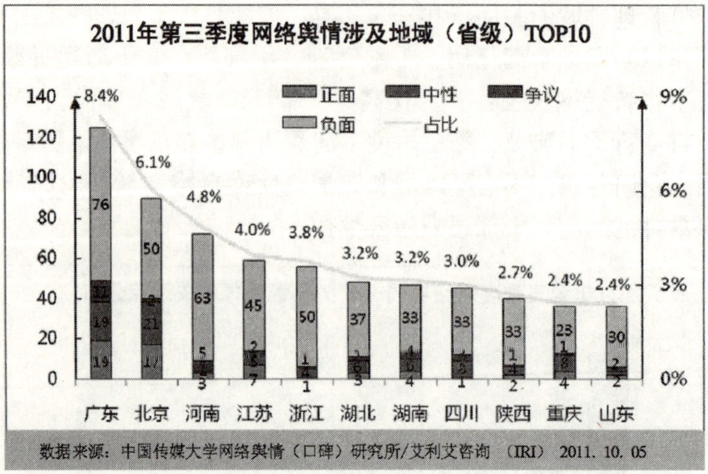

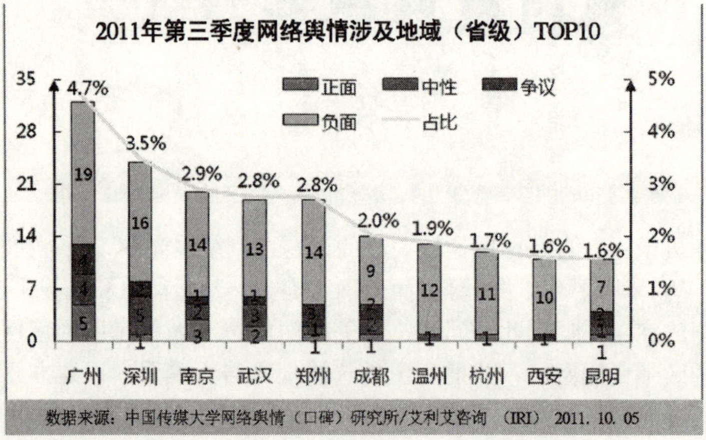

对比本年度上半年各省市舆情热度状况来看，广东省依旧是网络舆情较为集中的省份，其下辖的广州、深圳两市也成为网络热点事件高发地区。涉及广东省的网络热点事件数量达 125 件，占第三季度网络热点事件总量的 8.4%；北京排在第二位，热点事件数量为 90 件，占比达 6.1%，河南省以 72 件网络舆情热点事件的数量排名第三，占比为 4.8%。